흑마술
수첩

시부사와 다쓰히코 지음 | 김수희 옮김

AK TRIVIA BOOK

일러두기

1. 일본 인명과 지명은 국립국어원 외래어 표기법에 따랐다.

2. 본문 중에서 '역주'로 표기된 것 외에는 모두 저자의 주석이다.
   * 역주 예 : 수정점(crystal gazing, 수정으로 된 구슬에 나타난 상에 기초한 점술-역주)

3. 서적 제목은 겹낫표(『 』)로 표기하였으며, 그 외 인용, 강조, 생각 등은 작은따옴표(' ')를 사용하였다.
   * 예 : 파라켈수스가 쓴 책 중에는 『24년 후의 예측』이라는 제목의 기묘한 그림이 그려진 소책자가 있다. 당시 유행했던 '달력'과 비슷하긴 했지만 약간 특이했다.

목차

야코부스의 돼지

<그림 1> 존 디와 케리의 공수

여자 요술사, 즉 마녀(witch)는 예로부터 무수히 많았지만 마술사, 즉 마구스(magus) 중에 여자가 있다는 이야기는 여태껏 들어본 적이 없다. 엘리파스 레비(Eliphas Levi, 프랑스의 신비학자-역주)의 정의에 따르면 요술사와 마술사의 차이는, "전자는 악마에게 조종당하는 노예지만, 후자는 악마에게 명령을 내리는 권력자, 이른바 우주의 신비로운 오의(奧義)에 깊이 통달한 전문가, 스페셜리스트"다. 즉 마술사가 우주의 비밀에 성큼 다가가기 위해서는 인간적 욕망이나 희로애락을 초월해야 하는데, 이처럼 정신적으로 높은 경지는 보통 여자들과는 맞지 않는다고 여겨졌던 것이다. 마치 음악을 연주하는 여성은 많지만 작곡가는 매우 드문 것과 비슷한 이치다. 이 경우 음악은 악마를 비유하고 있다.

물론 전설적인 인물 중 여자 마술사로 불릴 만한 인물이 아예 없는 것은 아니다. 하지만 꼼꼼히 따지고 들면, 역시 정확한 정의와는 어딘가에서 살짝 어긋나 있다. 예를 들면 고대 알렉산드리아의 히파티아(Hypatia)라는 여성 철학자는 이교도라는 이유로 기독교도에게 학살되었으나, 마술사는 아니었던 것으로 보인다. 바빌로니아의 여왕 세미라미스(Semiramis)도 고대 7대 불가사의 중 하나로 꼽히는 그 유명한 가공정원을 만들어 자못 신비로움으로 가득 차 있지만, 결국엔 그저 사치스러운 여왕에 불과했던 것으로 추정된다. 시바의 여왕 역시 전설의 그늘에 가려진 나머지 실제로 어떤 성격을 지닌 여성이었는지 알 길이 없다. 드루이드(Druid)교 비구니승은 일종의 무녀로 추정된다. '피타고라스 교단'이라 불렸던 고대 비밀결사엔 여자라곤 한 명도 없었다. 신비한 신의 계시를 받았다는 기독교 성녀 테레사(Saint Teresa of Ávila, 카르멜회 개혁 수녀원을 연 로마 가톨릭의 대표적 신비주의자-역주) 같은 사람은 신앙 체험에 대해 다음과 같이 간증하고 있다.

"나는 기다란 황금 창을 봤습니다. 창끝에는 불꽃이 일었던 것 같습니다. 그것이 나의 심장을 몇 번이고 찔러 창자를 뚫어버릴 것만 같았습니다. 나의 몸에서 창이 빠져나갈 때는 내장도 같이 빠져나와 주님의 커다란 사랑과 불길에 온몸이 휘감기는 느낌이었습니다. 엄청난 고통 때문에 신음 소리마저 나올 지경이었지만, 거기서 벗어나고 싶은 마음이 도무지 들지 않았습니다."

마리 보나파르트(Marie Bonaparte, 프로이트와 교류가 깊었던 프랑스 최초의 여성 정신분석학자-역주)라는 여성 정신분석가의 표현을 빌리자면, 이런 징후는 성적 오르가슴과 완전히 일치한다고 한다. 요컨대 여자란 존재는 설령 성녀일지라도 태생적으로 육체적 초월이 지극히 어려운 까닭에, 엄격한 마술사의 고독하고 비인간적이고 지극히 정신적인 '지식욕과 권력욕'의 절대 경지에는 좀처럼 도달하기 힘들 것으로 여겨진다.

그렇다면 남자 마술사, 즉 남자 마구스의 경우는 과연 어떨까. 이런 사람들은 역사 속에 매우 자주 등장한다. 하지만 의외로 말로가 비참했던 자가 대부분이다. 몇몇 유명한 예만 간략히 살펴보도록 하자.

로마 황제 율리아누스(Julianus)는 고대의 히틀러 같은 인물이다.

기독교 문화를 배척하고 이교도의 태양신 미트라(Mithra)를 숭배하면서 온갖 마술에도 손을 댔는데, 결국 페르시아와의 전쟁에서 중상을 입고 죽었다. 죽기 직전 상처에서 흘러내리는 피를 손에 담아 하늘을 향해 뿌리고는 "갈릴리(Galilee, 지금의 이스라엘 북부 지방-역주) 사람들아, 너희가 이겼노라!"라며 통한의 절규를 남겼다고 한다. 이 황제는 굴지의 신플라톤파 철학자로도 꼽혔다. 어쨌든 무시무시한 집념의 소유자였다.

질 드레(Gilles de Rais)는 중세 프랑스의 유력 영주였는데, 프렐라티라는 이탈리아 마술사와 함께 수많은 아이들을 제물로 희생시키는 흑미사 비밀의례에 빠졌다. 결국 재판소로 끌려나와 울면서 참회했다.

연금술사로 가장 명성을 날린 니콜라 플라멜(Nicolas Flamel, 파리의 출판업자-역주)은 인색한 사내였다. 이 방면의 인간은 대부분 실패해 신세를 망치는 것이 보통인데, 이 사내만은 백만장자 고리대금업자가 되었다. 실로 소시민적인 마술사도 있지만, 이런 사람은 타락한 일례로 들 수 있다.

르네상스기의 굴지의 마술철학자 하인리히 코르넬리우스 아그리파(Heinrich Cornelius Agrippa, 독일의 신비학자-역주)는 만년에 회의에 빠져 비참한 말로를 경험했다. 그는 『과학의 허영에 대해(De incertitudine et vanitate scientiarum atque artium declamatio invectiva)』라는 책을 써서 모처럼 쌓아올린 자기 철학의 파산을 선고해야 할 지경에 이르렀다. 비슷한 시기의 인물인 파라켈수스(Philippus Aureolus Paracelsus, 16

세기의 저명한 마술사-역주)는 천재적인 의사였다. 세계 각지를 떠돌아다녔는데, 허풍쟁이 남색가라는 업신여김을 받기도 했다. 결국 술통에 빠져 지내다 뜻하지 않은 싸움에 휘말려 객사했다.

지롤라모 카르다노(Girolamo Cardano, 점성술을 퍼뜨렸던 이탈리아의 수학자-역주), 라바터(Johann Kaspar Lavater, 스위스의 작가, 개신교 목사, 인상학 창시자-역주) 같은 자들도 연유는 모르겠으나 자살로 생을 마감했고, 18세기 연금술사 칼리오스트로(Alessandro di Cagliostro, 이탈리아의 신비주의자-역주)는 정치적 사건에 휘말려 투옥당하기에 이르렀다.

이런 식으로 마술사들의 운명에는 어둡고 비참한 말로가 기다리고 있었다. 그럼에도 지식과 권력에 대한 인간의 어리석은 꿈은 인간을 구제하는 종교적 빛의 사상이라 할 '마지아 블랑슈(magia blanche, 백마술)'와는 다른 방향, 이른바 어둠의 사상인 '마지아 누아르(magia noire, 흑마술)' 쪽으로 빨려들어갈 수밖에 없었다. 물론 '백'과 '흑'은 엄밀하게 구분하기가 어렵다. 자기가 옳다고 믿으면 누구나 자신이 '백'이라고 생각하기 마련이다. 예컨대 예수와 비슷한 시기에 티아나의 아폴로니우스(Apollonius of Tyana, 1세기에 카파도키아 티아나에서 활동한 신피타고라스주의자. 작가 필로스트라투스가 쓴 전기에 의하면 그리스도와 매우 닮은 인물로 묘사되고 있다-역주)라는 인물이 행했던 기적은 '백'인지 '흑'인지 도무지 분간하기 어렵다. 그러나 일반적으로 '흑마술'이라고 하면 지옥의 마왕 루시퍼에게 직접 기도를 올려 온갖 악귀를 불러들이는 행위를 가리킨다. 이는 명백히 기독교에 역행하는 것이기 때문에 '흑'에 속할 것이다.

라몬 륨(Ramon Llull, 카탈루냐의 신비주의자, 시인-억주)이라는 마술의 대가는 시인이자 연금술사였으며, 심지어 가톨릭 순교자이기도 했다. 이탈리아 제노아 출신으로 젊은 시절에는 소문난 바람둥이였다. 한때 마을에서 앙블로지아라는 미인을 만나 연정을 억누를 수 없어 그녀 주의를 맴돌며, 연서를 몰래 보내기도 하고 연가를 바치기도 한 끝에 드디어 긍정적인 답장을 받았다. 그래서 두근거리는 마음으로 그녀의 방에 들어서자, 여자는 갑자기 코르사주 호크를 풀어 한쪽 유방을 그에게 내보였다. 유방은 무참하게도 사방에 거뭇거뭇한 암으로 뒤덮여 있었고 일부 함몰된 부분도 있었다.

"이토록 처참한 육체에 당신은 어이하여 자신의 청춘을 바치려 하십니까?"

여자는 이렇게 말하며 젊은 난봉꾼에게 신과 학문이 지향하는 영원한 사랑을 가르쳤다고 한다. 그런 일이 있고 나서 라몬 륨은 심기일전하여 대학자가 되었고, 훗날 북아프리카 튀니지에서 포교 활동을 하던 중 아라비아인 폭도들의 돌에 맞아 죽었다고 한다. 순교자가 되고 싶다는 것이 거의 입버릇에 가까웠기 때문에 결국 그의 소원이 이루어진 셈이었다.

이야기가 다소 훈계조로 흘러 송구한 마음이지만, 그러나 나는 아무래도 이 앙블로지아라는 여자분이 마술사로는 라몬 륨보다 한 수 위였다고 생각한다. 어쩌면 그녀는 마음에 내키지 않는 바람둥이를 어떻게든 내치기 위해 의도적으로 자신의 유방에 장난질을 쳐서 마치 무시무시한 암에라도 걸린 것처럼 연출했을 수도 있다. 만약 그렇다면 그녀야말로 누군가에게 한 방 먹이는 데 천부적 재능을 가진 사람일 것이다. 차마 마술사라고는 말하지 못하더라도 눈속임의 달인으로 불릴 만한 자격은 충분하다. 역시 연애와 얽힌 상황이 되면 제아무리 마술사라 하더라도 사내란 작자들은 농간에 넘어가기 쉬운 모양이다.

이보다 더 가엾은 사람은 엘리자베스 시대 영국의 저명한 점성박사 존 디(John Dee)였다. 경건한 학자였던 그가 사기 연금술사 에드워드 켈리의 꼬임에 넘어가 결국 마도(魔道)에 빠졌고, 요상한 공수(necromancie) 의식을 행하기에 이르렀다. 공수란 무덤에서 죽은 자를 불러내는 주술 행위다. 19세기 초 런던에서 나온 오래된 삽화본에는 특이한 그림이 있다. 두 사내가 땅바닥에 그려진 액막이 서클 안에 나란히 서 있고, 두 사람 앞에 하얀 수의로 몸을 감싼 경직된 시체가 서 있다. 성직자풍의 분위기를 자아내는 두 남자는 물론 존 디 박사와 켈리였다. 켈리는 마법서를 들고 태연하게 서 있지만 존 디 박사는 횃불을 들고 벌벌 떨고 있는 것처럼 보인다(그림 1 참조).

그런데 이렇게 어렵사리 죽은 자를 불러낸 두 사람은 유령의 계시에 따라 각자의 아내를 서로 교환하는 비정상적 성생활에 푹 빠지게 되었다. 마술에는 성적인 요소가 뒤섞이기 마련이다. 성실한 학자였던 존 디 박사도 호색한 사기꾼 켈리의 감언이설에 놀아나 수정점(crystal gazing, 수정으로 된 구슬에 나타난 상에 기초한 점술-역주)이나 공수 같은 일련의 주술에 열을 올리다 한때는 영국을 벗어나 국외로 도망가야 할 처지에 놓인 적도 있었다. 우스꽝스럽기도 하고 측은

하기도 하다.

예부터 전해지는 『붉은 용(적룡[赤竜])』이라는 마법서에는 공수 방법이 상세히 언급되고 있다. 참고를 위해 그 내용을 소개해보자면, 우선 주술사는 크리스마스 밤 12시 정각에 교회 미사에 참가해야 한다. 그리고 영성체 예식에 참가할 때 머리를 숙이고 낮은 목소리로 "죽은 자여, 일어나 어서 내게로 오라"라고 라틴어로 주문을 외운다. 그리고 교회를 나와 묘지로 가서 가장 가까운 묘비를 향해 "지옥의 악마여, 온 우주를 뒤흔들 그대여, 어두운 그대의 거처를 버리고 '삼도의 강'을 건너라"라고 주문을 외운다. 얼마 후 다시 한번 "우리가 부르고자 하는 죽은 자를 만약 그대가 자유롭게 할 수 있다면 원컨대 왕 중의 왕의 이름으로 지정된 시간에 그자의 모습을 보게 하소서"라고 기원한다. 그리고 한 줌의 흙을 집어 들어 마치 밭에다 씨를 뿌리듯 여기저기 뿌리면서 "죽은 자여, 무덤 안에서 눈을 뜨고 재 속에서 나와 온 인류 아버지 이름으로 우리 질문에 답하소서"라고 낮은 목소리로 주문을 외운다.

그리고 나서 동쪽 하늘을 향해 무릎을 꿇고 '태양문'이 열릴 때까지 꼼짝도 하지 않은 채 가만히 그 자세로 기다린다. '태양문'의 의미는 알 수 없지만 필시 성위(星位)를 나타내는 말일 것이다. 그다음엔 미리 준비해온 두 개의 정강이뼈를 손에 들고 성 앙드레아 십자 모양으로 가슴에 댄다. 성 앙드레아 십자는 X자 형태다. 그런 다음 묘지를 벗어나 가장 가까운 곳에 위치한 교회당 지붕 위로 정강이뼈들을 던져 올리고 서쪽을 향해 계속 걸어가 정확히 5,900보를 걸어간 지점에서 땅바닥 위에 가로누워 양다리 위에 손을 포개놓고 달을 가만히 올려다 바라보면서, "나는 그대를 기다리고 있노라. 부디 왕림하소서"라고 외친 후 죽은 자의 이름을 부른다. 그러면 순식간에 유령이 나타난다.

유령을 무덤 속으로 돌려보낼 때는 "선택받은 자의 나라로 돌아가소서, 돌아가소서"라고 먼저 주문을 외운 후, 처음 갔던 묘지로 되돌아가 왼손으로 비석 위에 나이프 끝으로 십자가를 긋는다. 이것으로 죽은 자는 봉인된 셈이다. 마법서 마지막에는 "규정된 의식을 거행할 때는 아무리 사소한 것이라도 결코 잊어서는 안 된다. 혹여 잊는다면 너 자신이 지옥의 악마 손아귀에 걸려들 우려가 있으리라"라는 주의사항이 있다. 절대로 가벼운 마음으로 마술 따위에 손을 대서는 안 되는 모양이다.

유포되고 있는 이른바 마법서에는 『붉은 용』 외에도 『대(大) 알베르투스』, 『소(小) 알베르투스』, 『피라미드 노인』, 『수진본(袖珍本)』, 『검은 암탉』 등 다양한데, 개중에는 꽤 사기성이 짙은 것도 있다. 예를 들면 '옆집 여자를 창가에서 몰래 들여다보는 법'이나, '처녀를 알몸으로 춤추게 하는 법', '건초를 쌓아둔 마차를 뒤집는 방법' 등도 있으며, 미심쩍은 최음제 처방이나 저주를 위한 주술 방법을 기록해둔 문서도 있다. 이런 마법서가 중세부터 17세기에 걸쳐 유럽 시골 전역에 뿌려져 가난에 허덕이던 하층 농민 여성이나 억압받은 무지한 승려들을 광분시켰다. 그리고 이것이 잔인한 종교재판과 이단 학살이라는 유혈 사태로 발전된 것은 익히 알려진 사실이다.

그러나 일반적으로 가장 오래되고 유서 깊은 마법서는 『교황 호노리우스의 서』라고 일컬어지는 책이다. 13세기 로마 교황 호노리우스 3세가 비잔티움에서 가져온 원전 『솔로몬의 열쇠』에 직접 가필한 것으로 전해진다. 로마 교황씩이나 되는 사람이 마술에 손을 댔다는 사실 자체도 매우 놀랄 만한 일이지만, 당시만 해도 아직 가톨릭 정통 신앙이 확립되지 않은 상태였고, 애당초 이단이나 사설(邪說)이 분분했던 시대였다. 예를 들면 오구리 무시타로(小栗虫太郎, 일본의 추리소설 작가-역주)가 『흑사관 살인사건(黑死館殺人事件)』 중에서 다루고 있는 실베스테르 2세(Sylvester II, 프랑스인 교황-역주), 통칭 게르베르트(Gerbert)처럼 교황 스스로가 악마의 영역까지 주재(主宰)하려고 했던 예는 적지 않다. 단, 『고급 마술(魔術)의 교리 및 의식(Dogme et rituel de la haute magie)』을 쓴 19세기 위대한 마술학자 엘리파스 레비에 의하면, 이 마법서를 엮은 사람은 호노리우스 3세가 아니라 호노리우스 2세였다. 더구나 이 교황은 정통 교황이 아니라, 11세기 파르마(Parma)의 이단 알비파(Albigenses) 성직자인 카둘루스가 로마 교황의 지위를 탐내다 실각되고 파문된 끝에, 배교한 성직자와 마법사 등으로 구성된 추종자들을 거느리고 교황 이름을 사칭한 이른바 '가짜 교황'이라고 지적하고 있다. 만약 이것이 사실이라면 레비가 이 마법서에서 일종의 악의 철학, 동방에서 전래된 그노시스적 교의를 인정했던 것도 어느 정도 수긍이 간다.

위스망스(Joris Karl Huysmans, 프랑스의 신비주의 소설가-역주)의 제자로 『악마주의와 마술(Le Satanisme Et la Magie)』을 쓴 쥘 부아(Jules Bois)는

타로(tarot) 카드에서 다섯 번째 카드에 나온 '교황'이 가짜 교황 카둘루스의 초상일 거라고 주장한다. 물론 조잡하고 만화 같은 그림이지만 그렇게 생각하고 다시 들여다보면 흥미진진한 측면도 있다. 일종의 트럼프라고 할 수 있는 이런 신기한 카드가 이단이나 카발라 철학의 기원과 밀접한 관련이 있음을 짐작할 수 있다.

그러고 보니 타로 카드 두 번째 카드에는 곱슬머리를 한 검은 여자의 초상이 그려진 '여성 교황' 카드가 있다. '역사적으로 여성 교황이 있었나?' 하고 깜짝 놀라는 사람도 있겠지만, 이 여성은 이른바 잔이라는 이름으로 알려진 전설적인 인물로, 오랫동안 실재 인물로 여겨져왔다. 남자라고 생각했는데 행렬 때 난데없이 사제복 밑으로 아이를 낳았다는 소문이 파다했던 주인공이다. 이후 로마 교황 선거 때는 반드시 밑에 구멍이 뚫린 의자에 후보자를 앉힌 다음 아래에 있는 구멍을 통해 손으로 더듬어 남성 성기의 유무를 확인해보는 것이 관례가 되었다. 가짜 교황이 설쳐대질 않나, 여성 교황까지 나타나질 않나, 실로 기묘하기 그지없는 기독교 역사의 이면이다.

『호노리우스 마법서』의 원전인 『솔로몬의 열쇠』는 모든 마법서의 정석이 된 책이다. 유대 왕 솔로몬이 오컬트학(신비학)을 창시했다는 옛 전설을 바탕으로 로마시대부터 이미 활용된 모양이다. 히브리 서식에 따라 로마자로 기록되어 있으며, 피에트로 다바노(Pietro d'Abano)나 하인리히 코르넬리우스 아그리파(Heinrich Cornelius Agrippa, 독일의 신비학자-역주)같이 위대한 마술사들도 이것을 비장본으로 소중히 간직했다. 액막이 부적의 의미를 지닌 서클에는 오망성형이

<그림 2> 아그리파의 마법 서클

나 삼각형을 비롯해 실로 복잡한 모양까지 다양한데, 솔로몬의 부적은 삼각형을 두 개 조합한 육각형이다.

악마를 불러내는 방법은 상당히 번거로운 의식이 많은데, 가장 간단한 『검은 암탉』부터 설명을 시작하겠다. 이 마법서에 의하면, 먼저 악마를 호출하려는 자는 한 번도 알을 낳지 않은 검은 암탉을 준비해 두 개의 길이 만나는 교차로로 가야 한다. 이 교차로에서 깊은 밤 암탉을 둘로 찢고, "엘로힘(elohim)이여, 엣사임(essaim)이여, 이렇게 부르는 나의 목소리를 들으소서"라고 라틴어 주문을 외운다. 이때 동쪽을 향해 무릎을 꿇은 상태로 사이프러스를 들고 있어야 한다. 그러면 악마는 즉각 모습을 드러낸다고 한다. 매우 간단한 방법이기 때문에 누구든 희망하시는 분은 한번 해봄직하다.

이 밖의 마법서로는 16세기 독일의 저명한 요술사, 요한 게오르크 파우스트(Johann Georg Faust, 독일의 점성술사, 연금술사로 '파우스트 박사'라는 이름으로도 유명하다-역주)의 저술로 알려진 것이 있다. 예를 들면 『지옥 속박』이라는 책은 다양한 판본이 존재하는데, 그 가운데 한 버전이 교황 알렉산더 6세 재위 중 로마에서 출판되었다. 그런데 파우스트가 마도의 길로 접어들게 된 것은 이 교황이 죽고 나서도 20년이나 뒤의 일이었기 때문에 그가 작자라는 설은 아무래도 신빙성이 부족하다. 또 다른 판본은 1407년 독일 파사우(Passau)에서 인쇄되었는데, 출판 일자가 파우스트 출생 연도보다 무려 100년이나 앞서기 때문에 시간상으로 너무 어긋나 있다. 『위대한 바다의 영혼』이라는 마법서도 파우스트가 쓴 책 중 하나로 여겨지는데, 1692년 암스테르담에서 인쇄되었고 홀백 베카라는 서점에서 팔렸다. 이것은 아마도 파우스트의 작품일 것이다.

이 책 서문에서 파우스트는 자신에게 메피스토펠레스(Mephistopheles, 파우스트 전설의 후반부에 나오는 유명한 악마-역주)를 보내준 악마 베엘제붑과의 거래 이야기를 쓰고 있다. 파우스트가 고안한 액막이 서클은 금속판을 뚫어 만든 정교한 것으로 망치질을 할 때마다 "악마에 대적할 수 있도록 제발 나를 강하게 해다오"라고 주문을 외워야 한다. 액막이 서클 바깥쪽에 두는 삼각형 서클은 교수대에서 훔쳐 온 세 개의 사슬과 차열형(수레 등을 사용해 사지를 찢어 죽이는 형벌-역주)으로 죽은 죄인의 이마에 박힌 못 등으로 제작해야 한다. 이렇게 만든 서클 정중앙에 서서, 주술사는 경건하게 기도문을 외우면서 "인·게·토·이·게·시·산·밈·타·슈"라는 의미 불명의 음을 집어넣는다. 그리고 마지막으로 "만약 그대가 악마의 보물을 손에 넣었다면 신에게 감사드리고 한시바삐 외국으로 가는 게 좋을 거야. 머뭇거리다간 위험에 빠질 테니"라고 마무리한다. 너무도 속물스러운 파우스트이기 때문에 혹여 괴테가 이 소리를 들었다간 필시 눈물을 흘릴 것이다.

마법서 『붉은 용』에는 주요 악마의 종류와 자태가 묘사되고 있는데 그 예를 살펴보면 다음과 같다. '루시퍼(LUCIFER)'는 마왕, 즉 지옥의 황제(Empereur)다. 머리에 네 개의 뿔이 난 그로테스크한 용모의 소유자다. '베엘제붓(BELZÉBUT)'은 왕족(Prince)으로 새를 연상시키는 섬뜩한 얼굴을 하고 있다. '아스타롯(ASTAROT)'은 대공작(Grand-duc)으로 사람을 업신여기는 것처럼 혀를 내밀고 있다. '루키후게(LUCI-FUGÉ)'는 총리(prem. Ministr)로 미국 인디언과 흡사하다. '사타나키아(SATANACHIA)'는 대장(grand général)으로 외모가 기괴한 곤충 스타일이다. '아갈리아레프트(AGALIAREPT)' 역시 대장으로 뭔가에 눌려 찌부러진 얼굴이다. '풀레티(FLEURETY)'는 중장(lieutenantgén)으로, 말굽으로 상징되고 있다. '사르가타나스(SARGATANAS)'는 여단장(brigadier)으로 지옥의 불나방 같다. 마지막으로 '네비로스(NEBIROS)'는 소령으로 나뭇잎 같기도 하고 벌레 같기도 하다. 악마도 밑으로 내려가면 내려갈수록 동물인지 식물인지 도무지 알 수 없는 해괴한 모습으로 변해가는 경향을 보인다. 단, 이러한 도안은 악마가 계약서에 사인

할 때 손톱으로 긁어서 표시한, 이른바 일종의 사인 같은 것이며 악마도 의외로 유머러스한 자화상을 그릴 줄 알았다는 증거이기도 하다(그림 3 참조).

현재 파리 국립도서관에 남아 있는 악마와의 육필 계약서는 17세기 루덩(Loudun)에서 발생한 사건 때 불에 타 죽임을 당한 수녀 잔의 것(악마 아스모데의 서명이 있다), 그리고 같은 사건 때 화형당한 사제 위르뱅 그랑디에의 것(악마 레비아탄 등의 서명이 있다)이 있다.

한편 야코부스 데르손이라는 악마에 쓴 선량한 성직자가 있었다. 악마와 계약하고자 3일간 단식을 하고 나서 향을 피워 마법서에 배어들게 한 뒤 금요일 밤에 온 정성을 다해 기도를 올렸다. 그런데 평소 뱀이나 개구리를 제물로 바치는데 그날따라 하필이면 깜빡 착각을 했는지, 이 성직자는 특별히 돼지를 선택했다. 악마를 소환하려면 이교적인 파충류보다 돼지처럼 기독교적인 동물이 나을 거라고 생각한 모양이다. 야코부스가 돼지를 불 속에 몰아넣으려고 하자, 돼지는 울부짖으며 액막이 서클 주위를 맴돌며 도망쳤다.

"엘로힘(elohim)이여, 미카엘이여, 테트론이여, 이 저주받은 동물 체내에 악마가 깃들게 하소서"라고 주문을 외우며 악마를 소환할 때 입는 스톨라(stola, 가사[袈裟]의 일종])를 돼지를 향해 내던졌다. 그리고 혼신의 힘을 다해 천사의 이름을 외우면서 최후의 일격을 가해 가엾은 돼지를 두 동강 내버렸다. 그러자 서서히 모습을 드러낸 것은 악마 중에서도 가장 저열하고 비천한 악마, 그야말로 제물로 희생된 돼지와 딱 어울리는 '마텐샤'라는 이름의 삼류 악마였다.

LUCIFER,
Empereur.

BELZÉBUT,
Prince.

ASTAROT,
Grand-duc.

LUCIFUGÉ,
prem. Ministr.

SATANACHIA,
grand général.

AGALIAREPT.,
aussi général.

FLEURETY,
lieutenantgén.

SARGATANAS,
brigadier.

NEBIROS,
mar. de camp.

<그림 3> 악마의 종류. 마법서 『붉은 용(적룡[赤竜])』에서 발췌

"그쪽과 300년 계약하고 싶소. 승낙하면 이 돼지를 드리리다."

"300년이라고! 그건 좀 길지 않나? 당신 같은 작자가 300년이나 살려고 하다니, 염치가 없군."

"아니, 내가 죽으면 내 자손의 영혼을 그쪽이 손에 넣으면 되지 않겠소. 3대에 걸친 장기 계약인 셈이지. 불평할 상황이 아닌 것 같은데. 여기 계약서가 있고, 어서 사인하시게나."

악마는 마지못해 사인했다. 그런데 나중에 야코부스가 전해준 바에 따르면, 그는 결국 악마에게 한 방을 먹었던 셈이다. 악마의 손톱 자국이 있는 계약서를 돌려받아 찬찬히 살펴보니 300년에서 '0' 하나가 마법처럼 사라져버렸다. 300년이 아니라 고작 30년으로 바뀌어버린 것이다. 분하고 애석하기 그지없었지만 이미 때는 늦었다. 악마와 대화할 때는 절대로 방심해선 안 된다는, 마술사들 사이에 전해지는 일종의 만담 같은 에피소드다. '야코부스의 돼지'라는 제목의 이야기다.

카발라적 우주

<그림 4> 카발라에 관한 우의화. R. 프레드의 책에서 발췌

마술이나 점성학 책에 꼭 나오곤 하는 '카발라(kabbala)'라는 사상은 어떤 신비스러운 원리에 둘러싸여 있을까. 애당초 언제, 누구에 의해 창시되었으며 은밀한 형태로 어떤 발전을 이루었을까. 적어도 흑마술에 관해 뭔가를 말하고 싶은 사람이라면 수수께끼로 가득 찬, 악마적 몽상을 배양시킨 히브리 밀교 '카발라'에 관해서는 최소한의 지식이라도 반드시 갖춰야 한다.

우선 하나의 자그마한 에피소드에서 시작해보자.

제2차 세계대전 중 독일군이 그리스를 점령하자, 근처 시리아에 거주하던 유대인들은 히틀러 군대가 언제 자국을 침공할지 불안해 잠을 이루지 못한 채 전전긍긍했다. 나약한 연합군 군대는 독일군을 도저히 감당할 수 없을 것이다. 이런 사실을 익히 알고 있던 유대인들은 어찌해야 좋을지 몰라 난감해졌고, 결국 카발라 학자들을 찾아가 도와달라고 요청했다. 그러자 카발라 학자들은 하룻밤 철야를 하며 긴 명상에 잠긴 끝에, 불안에 떨고 있는 군중 앞에 모습을 드러냈다. 그러고는 이렇게 단언했다. "여러분, 안심하십시오. 이제 더 이상 위험하지 않습니다." 이 말을 들은 군중은 안도의 한숨을 내쉬었다.

이게 도대체 어찌된 일일까. 간단하다. 요컨대 카발라 학자들은 '테무라(Temura, 히브리어로 '교환'이라는 의미-역주)'라 일컬어지는 애너그램(Anagram, 어구전철)의 비의(祕儀)를 이용하여, 시리아(Syrie)라는 단어를 러시아(Russie)라는 단어로 바꿨던 것이다. 히브리어에서는 이 두 단어가 완전히 동일한 문자로 구성되어 있기 때문에 순서만 바꾸면 '시리아'는 바로 '러시아'가 된다. 비밀은 바로 여기에 있었다. 그리고 놀라운 사실은 히틀러 군대가 근동(近東, 서유럽에 가까운 동양 여러 나라-역주) 방면으로의 진격을 멈추고, 결국 러시아 쪽으로 총구의 방향을 꺾었다는 점이다.

문자와 숫자의 마력을 통해 카발리스트들은 정령을 불러내어 이토록 놀라운 기적을 실현한다. 훨훨 타오르는 거센 불길을 한순간에 잡아버리기도 하고, 역병을 퇴치하거나 전쟁의 화마를 먼 곳으로 유도하기도 했다. 이른바 기교 주술(art magic)이라고 일컬어지고 있는 것이 바로 이것이다. 이뿐만 아니라 그들 중 어떤 자는 카발라의 가장 오래된 성전이라 할 수 있는 『창조의 서(書)』를 활용해 섬뜩한 인조인간까지 만들었다고 전해진다.

프랑스 영화를 좋아하시는 분들이라면 전설의 명장 쥘리앵 뒤비비에(Julien Duvivier) 감독의 몬스터 호러 영화 《거인 골렘(Le golem)》을 기억할 것이다. '골렘'이라는 이름은 히브리어로 '아직 형태를 갖지 못한 존재'라는 의미다. 16세기 중엽 처음으로 인조인간 골렘을 만들었던 카발라 대가는 엘리야 헬름이라는 유대인 성직자였다. 엘리야는 점토로 만든 인형 이마에 신의 은밀한 이름을 새겨 인형에 생기를 불어넣었다. 그러나 영화에 나오는 카발라 학자는 훨씬 나중 시대의 인물로, '유다 뢰브 벤 베자렐(Judah Loew ben Bezalel)'이라는 이름의 프라하 율법박사(랍비, rabbi)였다. 전설에 의하면 유다 뢰브는 무섭게 성장하는 골렘에게 갑자기 공포심을 느낀 나머지, 인형 이마에 새겼던 신의 이름을 지워 원래 물질로 되돌려버렸다고 한다. 영화 속에서 관리들의 폭정에 저항하는 유대 민중과 함께 골렘이 난동 부리는 장면은 압권이었다.

이를 통해서도 알 수 있듯이 카발라의 기적은 말(언어)의 마력에 의존하고 있다. 인형의 이마에 새겨진 신의 이름이나 애너그램이 절대적인 효력을 보여주고 있다. 그러나 기교 주술 같은 실천적인 일파를 제외하면, 원래 히브리어로 '전통'이라는 의미만 지니고 있는 카발라는 순수하게 이론적인 하나의 형이상학 체계에 불과하며, 구약성서에도 나온 이면의 상징을 해독하려는 밀교라고 할 수 있다.

카발라의 역사적 기원에 대해서는 여러 설이 있다. 우선 아담이 천사 라지엘(Rasiel)에게 받은 카발라 원전을 이스라엘 왕 솔로몬에게 전달했고, 이로써 솔로몬이 지상과 지옥을 완전히 장악했다고 전해지고 있다. 또 다른 설에 의하면 아브라함이 『창조의 서(세페르 예치라 [Sefer Yetzira]-역주)』를 썼다고도 전해진다. 그러나 기원전에 이미 카발라의 기원이 존재했다고 파악하는 것은 신비스러움으로 진실을 은폐하는 것에 불과하다. 카발라의 가장 중요한 2대 원전 중 하나인 『창조의 서』는 8세기 율법학자 아키바(Akiva), 다른 하나인 『장려(광휘)의 서(세페르 하조하르[Sefer ha-zohar])』는 13세기 말 스페인의 심오한 성직자에 의해 완성되었다고 보는 것이 타당하다. 특히 후자는 중세와 르네상스기에 대대적으로 보급되어 피코 델라 미란돌라(Pico della Mirandola, 이탈리아의 인문주의자-역주)나 요하네스 로이힐린(Johannes Reuchlin, 독일의 인문주의자-역주), 하인리히 코르넬리우스 아그리파(Heinrich Cornelius Agrippa, 독일의 신비학자-역주), 기욤(Guillaume de

Moerbeke, 플랑드르 출신의 성직자-역주), 로버트 플러드(Robert Fludd, 17세기 잉글랜드의 신비주의 철학자-역주) 같은 저명한 마술사에게 지대한 영향을 끼쳤다.

평범한 기독교에서는 인간이란 천지창조의 의미를 알지 못한 채 오로지 속죄에 의해서만 구원받는 존재로 여겨진다. 그러나 카발라적 이단 교의에 의하면, 인간은 지식(sophia)을 통해 우주 비밀에 접근해 마치 신처럼 소규모 창조를 행할 수 있다. 이것이 결국, 정통 기독교와 카발라적 이단의 결정적 차이다. 고대 말기에 번영했던 알렉산드리아의 그노시스파도 아담의 죄를 인정하지 않고 지식에 의한 일종의 실현(예를 들면 연금술)을 믿었다. 이런 점에서 그노시스파 역시 카발라파와 관련성을 지닌다. 어쨌든 인간이 전능한 신의 비밀을 강탈해 하나의 소우주(미크로코스모스[Mikrokosmos])에 군림한다는 이야기였으므로 참으로 가당치 않은 자만이었다. 이 때문에 얌전한 일반 기독교 신자들 입장에서 보면 구제불능의 악마로 보이는 것이 당연했다.

이처럼 카발라파는 지식을 중시한다. 지식이 바로 힘이었다. 예수 대신 신성한 지식을 나타내는 뱀(우로보로스[Ouroboros], '꼬리를 삼키는 자'라는 뜻으로 뱀이나 용이 자신의 꼬리를 물고 삼키는 원형 형상-역주)이 십자가에 매달린 그림이 있는데, 이는 전후 사정을 잘 설명하고 있다. 초기 기독교 이단 중에는 배사교도(오피스파[Ophites], 로마제국에서 번성했던 일부 영지주의 분파로 창세기에 나오는 뱀에 중요성을 부여함-역주)도 있는데 이 일파의 교의는 신을 '질투심에 가득 찬 무지하고 교만한 존재'

로 간주한다. 신은 세계를 불완전하게 만들었을 뿐만 아니라, 이브라는 여자를 보내 인간을 타락시키려는 짓까지 서슴지 않았다. 그런데 소피아(sophia, 지식)의 화신인 뱀이 인간에게 지혜의 나무 열매를 먹으라고 가르쳐주었다. 신을 거역한 여자는 아이러니하게도 남자의 공범자가 되었다. 신은 이 나무 열매를 먹지 못하게 만들어 인간을 영원히 무지 상태로 방치하려고 했다. 오히려 뱀 덕분에 인간은 지식을 얻었고, 사악한 신에 대항해 투쟁할 수 있게 되었다. 이것이 배사교의 원리였다. 이런 신앙이 이후에 나온 카발라파에도 잔재한다는 사실은 앞서 설명한 바 있다.

연금술사 사이에서 여성이 중시되고 있는 것도 이런 맥락에서 이해가 간다. 여성은 일종의 선동가이자 남자의 공범자였으며 자연의 상징이었다. 기독교가 여성의 역할을 무시하고 자연을 악한 존재로 배제했던 것과는 대조적이다. 유명한 니콜라 플라멜(Nicolas Flamel, 전설의 연금술사-역주)의 『침묵의 서』에 의하면, 연금술사는 실험에 앞서 아내와 함께 아궁이 앞에서 무릎을 꿇고 기도를 올려야 한다. 영혼과 정신 통일, 즉 남성적 요소와 여성적 요소의 통일이 반드시 필요했기 때문이다. 배사교도를 비롯한 이런 여성 숭배 이단교인들을 상대로 초기 기독교가 맹렬한 투쟁을 전개했던 정황은 당시의 군센 선전활동가 사도 바울이 쓴 고린도전서를 통해 알 수 있다. 그에 따르면 "여자는 교회에서 침묵하라"처럼 노골적으로 여성을 경시하는 이데올로기가 사방에서 발견된다.

그런데 이와 반대로 카발라에서는 남녀 이원론이 중대한 의의를 지닌다. 애당초 카발라 원리의 기초는 세피로트(sefirot)라는 수의 철학이다. 세계가 숫자에 의해 진화한다고 생각하고 있다. 이에 따라 전능한 신과 비슷하게 창조된 인간, 즉 아담은 인간 모습을 본뜬 테트라그래머(Tetragramma)라고 파악한다. 테트라그래머는 히브리어로 유일신 여호와를 나타내는 네 글자를 가리키기 때문에 천국의 아담(adam kadmon)이야말로 육체화한 신이었다. 카발라 특유의 아담 숭배와 마기아 섹슈얼리스(magia sexualis, 성의 마술)는 여기에서 발생한다. 엘리파스 레비의 설을 인용해보자.

"아담은 인간의 모습을 본뜬 신이며, 히브리 문자 'Jod(요드)' 중에 남근 모양으로 표시된다. 요드라는 글자에 이브(Eve)라는 세 글자를 더해보라. 성스러운 신 여호와의 이름을 얻을 수 있으리라. 옛 대사제는 여호와의 이름을 부를 때 'Jodcheva'라고 발음했다. 이처럼 풍요로운 세 글자와 한 글자가 완전히 결합해 모든 숫자, 모든 운동, 모든 형태의 열쇠라고 할 수 있는 네 글자가 만들어진다. 창조하는 요소는 이상적인 남근이다. 창조되는 요소는 실재하는 여음(女陰)이다. 수직적인 남근과 수평적인 여음이 교차해 영묘한 철학적 십자형이 완성된다."(『고등마술교리』)

카발라의 원리가 숫자에 의해 진화한다는 사실은 이를 통해서도 알 수 있다. 철학적 십자형이란 즉 4를 나타내는 테트라그래머를 의미하며, 마기아 섹슈얼리스란 이른바 이 수적 발전을 조장하는 직접적 원인이다.

19세기 미국의 마술사였던 파스칼 비벌리 랜돌프(Paschal Bever-

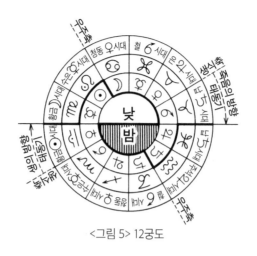

<그림 5> 12궁도

ly Randolph) 박사가 쓴 『마기아 섹슈얼리스(Magia Sexualis)』라는 책도 있는데, 여기서 설명하는 것은 주로 성교에 관한 기교 주술이었기 때문에 형이상학치고는 수준이 낮았다. 그러나 제법 흥미로운 성교 체위 그림도 나와 있기 때문에 언젠가 기회가 있으면 소개하고 싶다.

그런데 카발라의 '성의 마술'은 우주의 역사적 진화 단계에도 적용된다. 하지만 이것을 이해하려면 우선 황도 12궁(zodiac)의 기호를 알아야 한다. 오히려 점성학(Astrology) 영역에 속한 내용이지만 카발라 우주론과 밀접한 관계가 있기 때문에 극히 간단히 설명해두면 좋을 것이다. 그림 5에 나와 있는 것이 12궁과 일곱 개의 혹성 기호를 기록한 '우주 발전 조감도'이다(그림 5 참조).

그림 해독 방법을 설명해보면 다음과 같다. 우선 천칭궁(천칭자리)의 생식축을 기점으로 생(生)의 방향, 즉 시계 방향으로 진행하면 된다.

Planetes		Signes Zodiacaux	
☉	태양	♌ 사자궁	
☽	달		69 거해궁
♄	토성	♑ 마갈궁	♒ 보병궁
♃	목성	♐ 인마궁	♓ 쌍어궁
♂	화성	♏ 천갈궁	♈ 백양궁
♀	금성	♎ 천칭궁	♉ 금우궁
☿	수성	♍ 처녀궁	♓ 쌍자궁

<그림 6> 혹성과 12궁 기호

맨 처음은 우주의 태동기, 태양의 황금 시대다. 소용돌이 모양의 와상성운을 이룬 상태로 회전하면서 태양이 서서히 응축하다가 이윽고 수많은 별들을 낳았다. 지구도 처음엔 태양 안에 포함되어 있었는데, 이윽고 분리되어 화성과 태양 사이에 자리를 잡았다. 금성, 수성은 아직 생기지 않았다.

다음은 처녀궁(처녀자리) 시대다. 역시 황금 시대인데 이때는 오히려 달의 영향이 크다. 지구는 아직 태양처럼 번쩍번쩍 빛나고 있다. 지구에 이 시대는 최초의 낮이었다.

다음은 사자궁(사자자리)의 수은 시대다. 지구의 광채가 다소 약해져 창백한 수은처럼 둔탁하게 빛나고 있다.

마침내 지구가 점점 식어가자 청동 시대가 되고 철기 시대가 되어, 지구의 자식인 달이 탄생한다. 쌍자궁(쌍둥이자리)의 기호는 지구와 달이 분리된 것을 나타낸다.

주석과 납의 시대는 맹렬하게 타오르던 금속이 기체화되고 액체화되는 과정이다. 차츰 지구는 밤의 시대, 죽음의 시대로 접근한다. 마치 태양이 지구의 탄생을 재촉했듯 여기서는 토성(사투르누스[Saturnus])이 지구의 죽음을 준비한다. 하지만 이 죽음은 완전한 멸망이 아닌, 이윽고 새로운 생으로 발전하는 가상(임시)의 죽음이다.

밤의 시대에 접어들면 지구는 낮의 시대와 정반대 과정을 밟아 서서히 액체에서 고체로 점진적 변화를 보인다. 물고기자리(쌍어궁)의 기호는 호우의 상징이며, 물병자리(보병궁)의 기호는 바다가 지표를 완전히 덮어 공기와 물이 분리된 것을 나타낸다. '젖은 태양, 흐트러진 하늘'이라는 샤를 피에르 보들레르(Charles Pierre Baudelaire)의 시구는 이러한 시대의 풍경을 묘사한 것이 아닐까.

다음은 마갈궁(염소자리) 시대다. 이는 대지진과 대홍수가 일어나는 격동기다. 이즈음 대륙이 비로소 해면 위에 나타나면서 황량하고 척박한 모습을 드러낸다. 이 시대의 기호가 철이자 불(火)인 것도 우연은 아닐 것이다.

그다음인 청동 시대는 금성(Venus) 시대다. 물과 흙이 공기와 하나가 되면서 비로소 동식물의 세포가 싹트기 시작하는 시대다. 물론 생명은 아직 바다 속에 있었고, 생식을 관장하는 비너스·우라니아(Urania)도 아직 조개껍데기 속에 숨어 있다. 인마궁(사수자리)의 기호는 화살이고, 화살은 정령의 생식 활동을 상징한다. 파괴하는 힘은 동시에 창조하는 힘이기도 하다.

다음은 천갈궁(전갈자리)의 수은 시대다. 이 기호는 무시무시한 맹독성 절족동물이다. 마치 바다에 사는 게가 육지에 서식하는 것이나 마찬가지다. 그러나 공기가 점차 맑아지면 생명은 답답하고 딱딱한 껍데기에 계속 뒤덮여 있고 싶지 않을 것이다.

이리하여 또다시 천칭궁(천칭자리)의 황금 시대, 태양의 시대가 도래한다. 천칭궁의 기호는 평형을 상징한다. 숨 막히는 딱딱한 겉껍데기는 내부에서 평균을 잡는 골격으로 바뀐다. 즉 척추동물의 탄생이다. 그러나 태양이 해야 할 일은 아직 미완성 상태였다. 신의 자식인 인류가 출현하지 않았기 때문이다. 인류와 포유동물의 중간기인 이즈음, 아마도 전설로 전해지는 실레노스(Silenus, 디오니소스를 추종하는 반인반수 종족-역주), 켄타우로스(Kentauros, 그리스 신화에 나오는 하반신이 말인 반인반수 종족-역주), 파우누스(Faunus, 반은 인간이고 반은 염소의 모습을 한 반인반수 신-역주) 등과 같은 괴물들이 날뛰는 모습을 틀림없이 볼 수 있었을 것이다.

한편 여기서 지구의 창조가 끝나고 다음은 인류의 생식, 즉 '마기아 섹슈얼리스'가 효력을 발휘하는 시기다. 지구가 태양에서 태어난 것과 마찬가지로, 인류도 뜨겁고 풍요로운 지구의 자궁 속에서 배양되었다.

지금 막 한 바퀴 돈 서클을 다시 한번 생의 방향을 따라 살펴보자.

우선 맨 처음은 달의 황금 시대, 처녀궁(처녀자리)의 기호다. 당시 인간에게는 아직 성별이 없었고, 처녀생식(단성생식)에 의해 번식하고 있었다. 아마도 두 다리 사이에 처녀성의 표식인 꼬리가 있었으며, 네 발로 보행했다고 생각된다. 아직은 쾌락을 모르는, 권태로 가득 찬 유사 이전의 평화로운 시대였다(그림 7 참조).

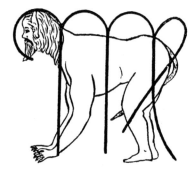

<그림 7> 처녀궁(처녀자리). 성을 갖지 않은 인간

　그런데 사자궁(사자자리) 시대가 되면 지식의 신 헤르메스(Hermes, 수성)는 인간에게 양성을 주었고, 서서 걷는 법을 가르치기 시작했다. 안드로기누스(Androgynous, 양성구유자)는 아직은 부드러운 등을 구부려 원초의 남성 성기인 입에 자신의 하반신에 있는 여성 성기를 접촉시킬 수 있게 되었다. 쾌락의 발견이었다. 때마침 수은 시대에 인간은 이 최초의 쾌락에 무아지경으로 빠져 열중하게 되었다(그림 8 참조).

　인간의 입이 최초의 생식기 중 하나라는 발상은 고대 인도설화, 창세기에 나오는 모세의 시대, 장미십자군 저술에서도 종종 발견되곤 한다. 그리고 이런 전통적 사상은 마침내 인간이 육체적 속박에서 벗어나 신의 나라에 한없이 가깝게 접근했을 때, 입에서 나온 말(언어)의 효력이야말로 모든 창조의 근원이 될 것이라는 예상과 조응하고 있다. 요컨대 창조 기관으로 마지막까지 남는 것은 불멸의 말을 발하는 입이라는 이야기다.

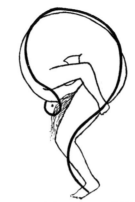

<그림 8> 사자궁(사자자리). 양성구유자

우리는 알고 있다. 인간의 태아는 동물 진화의 모든 단계를 밟은 다음 마지막에 가서야 갓난아이 모습이 된다. 즉 태아의 출산 직전의 모습이야말로 수은 시대에 인간이 간직했던 자세를 보여주는 흔적일 거라고 충분히 상상해볼 수 있다. 사실 자궁 속에서 웅크리고 있는 태아의 모습은 수은 시대의 인간 그 자체, 입과 성기를 최대한 근접시키려는 쾌락적 자세로 추정되는 측면이 있다.

이야기가 그만 옆길로 새어버렸다. 다음은 인간의 청동 시대. 베누스(비너스) 시대다. 사랑의 여신은 인간이 혼자만의 고독한 쾌락에 젖어 있는 상태에 있는 것을 슬퍼하면서 그를 다른 인간과 맺어주었다. 즉 남성기관인 입으로 상대방 하반신에 있는 여성기관과 접촉한다는 방식이다. 이것은 오늘날 수아상트 뇌프(Soixante Neuf, 69)라고 일컬어진다. 생각지도 못했던 이런 방법에 의해, 인간은 또다시 미친 듯이 애무를 교환했다. 인간 사이에 애정과 감사의 감정이

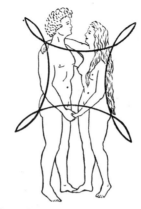

<그림 9> 거해궁(게자리). 두 명의 양성구유자

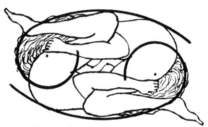

<그림 10> 쌍자궁(쌍둥이자리). 남자와 여자

생겨나, 거해궁(게자리)의 기호가 보여주듯 비로소 구합(성교)으로 맺어진 한 쌍이 탄생했다(그림 9 참조).

그런데 군신(軍神) 마르스(Mars)의 철기 시대에 이르러 상황이 바뀌었다. 험악한 투쟁의 신은 인간이 충만한, 아늑하고 조화로운 감각을 즐기는 것을 마뜩찮게 생각했다. 그래서 양성을 분리해 남성과 여성을 만들었다. 그러고 나서 쌍자궁(쌍둥이자리)의 기호가 보여주듯 육체와 정신에 의해 그들은 하나로 결합되었다(그림 10 참조).

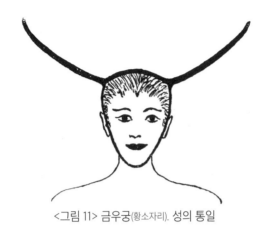

<그림 11> 금우궁(황소자리). 성의 통일

이 경우 만약 지상에 아담과 이브 단 둘뿐이었다면 그들의 결합도 순탄했을지 모른다. 그러나 남자와 여자의 수는 균등하지 않았고, 그들의 취향도 각각 달라 불화가 끊이질 않았다. 바야흐로 시대는 수은(mercury) 영향을 받고 있었기 때문에 아담은 선악과를 먹고 실추되었다. 현재 우리가 사는 시대 역시 이런 철기 시대의 연장이다. 전쟁과 질투, 소유욕, 불화와 반목의 시대다. 그러나 조만간 목성의 지배를 받은 금우궁(황소자리)의 주석 시대가 도래할 것이다.

전쟁의 열기가 차츰 식어 긴장이 풀리면 인간의 지성은 성숙되고 망각되었던 시도 부활해 성의 향락은 좀 더 두뇌적인 것이 된다. 선과 악의 구별이 없어지고 사람들은 도덕의 피안을 추구하게 된다.

금우궁(황소자리)의 기호는 이원적인 것이 통합되는 것을 의미하기 때문에 쌍자궁(쌍둥이자리) 시대에 분리되었던 남녀의 성별은 여기서 유일한 성으로 통일된다. 실로 변증법적이다(그림 11 참조).

금우궁(황소자리)의 뿔은 허공을 향해 뻗어 있는 안테나다. 앞서 언급했듯이 인간의 입이 유일한 생식기관이 되었고, 언어 활동이 유일한 생식 활동이 되었다는 증거다. 안테나는 언어를 포착하는 촉각이다. 다시금 양성구유자가 된 셈이지만, 이번엔 혀와 입술이 남녀 양성을 한꺼번에 도맡기 때문에 수은 시대처럼 흉한 모습을 할 필요가 전혀 없다. 팔루스(phallus)에 해당하는 혀가 남성기관의 역할을 하고, 바기나(Vagina)에 상당하는 입술과 인후가 여성기관의 역할을 한다. 육욕은 아직 남아 있지만 지극히 통일적이고 자기애적인 것으로 진화했다.

마지막으로 백양궁(양자리) 시대다. 이 시대에는 욕망이 완전히 물질의 지배를 초월해 정신적으로 더 높은 예지에 도달한다. 유일한 창조기관인 입은 자유자재로 말(언어)의 기적을 실현한다. 사투르누스(Saturnus, 토성)는 그를 위해 평온무사를 즐기는 인간으로 하여금 마지막 비약을 유도해 물질 속으로 빠져든 정신을 서서히 해방으로 유혹한다. 정신은 물질에서 벗어나 응고하면서 차츰 천사를 닮아간다. 육체가 없어진 것은 아니지만, 육체 때문에 번민할 필요가 없어졌다. 몸에는 날개가 생겨나 영혼의 비상을 용이하게 한다. 백양궁의 뿔은 날개의 상징이다(그림 12 참조).

이리하여 인간은 마지막 단계에서 지상을 날아올라, 더 훌륭한 혹성(아마 금성이나 수성)으로 옮길 준비를 한다. 새로운 별 위에서 또다시 새로운 경험과 새로운 윤회가 반복될 것이다. 우주는 영원하다.

그러나 바꾸어 말하면 지구에서의 마지막 시대인 이 백양궁 시대

<그림 12> 백양궁(양자리). 성의 정신화

는 인류 최후의 심판, 인류 멸망의 날이다. 이른바 지옥과 천국이 여기서 기다리고 있는 셈이다. 다행히 다른 혹성으로 날아갈 수 있는 사람은 선택받은 자이며, 그 외의 방황하는 영혼은 다시 한번 지구에서나 혹은 다른 한 단계 낮은 별에서 비참한 진화의 과정을 느릿느릿 밟아가야 한다. 요컨대 천국은 지구에서 봤을 때 고차원(태양에 가까운)에 존재하는 혹성이고, 지옥이란 저차원(태양에서 먼)에 위치한 혹성이라고도 표현할 수 있다.

이상과 같이 카발라에서 설명하는 우주에 관해 극히 간략히 검토해보았다. 참으로 웅대하고 아름다운 우주론과 인간론이다.

하지만 설령 그렇다고 해도, 인간은 과연 어디서 왔고 결국 어디로 가는 것일까. 카발라 우주론이 암시하는 바에 의하면, 인간은 아무래도 태양계의 모든 혹성에서 하나하나 단계를 밟아 기나긴 역사를 거쳐야 할 존재인 모양이다.

아마도 가장 바깥쪽에 있는 명왕성부터 시작해 해왕성, 천왕성,

토성, 목성, 화성 순서로 진화 단계를 밟아 현재 지구까지 온 상태이며, 차츰 중심에 가까워지고 있을지도 모른다.

아니, 어쩌면 명왕성 바깥에도 일찍이 인류가 서식했던 적이 있는, 지금은 망각되어버린 천체가 하나 더 은밀히 타원형 궤도를 그리고 있을지도 모른다.

그리고 인간의 윤회란 우선 광물에서 시작해 식물이나 동물 등의 무수한 과정을 거쳐 가까스로 지금의 인간의 모습으로 도달한 것인지도 모른다.

아니 어쩌면 광물보다 더욱 낮은 무기물 단계, 인간보다 더 높은 유기물 단계가 영겁회귀적인 우주의 역사 속에 삽입되어 있는지도 모른다. …

이런 설은 예컨대 장미십자단의 철학이나 인도설화에도 존재하며, 합리적 사고에 식상함을 느끼는 현대인들의 두뇌를 사랑스러운 비단처럼 부드럽게 어루만져준다.

근래에 저속한 사이언스 픽션(Science Fiction)이 유행하고 있는데 단순한 과학적, 합리주의적 공상을 뛰어넘어 좀 더 깊이 있는 인류사적, 철학적 공상이 뒷받침된다면 인간이 다른 천체로 날아가는 발상도 제법 흥미로운 문학작품이 되지 않을까 싶다.

에드거 앨런 포(Edgar Allan Poe)를 살짝 모방해보자면, 미스터리 작가는 반드시 자신의 우주론을 써야 하는 제도가 있었으면 좋겠다. 정말 재미있을 것 같다. 고풍스러운 카발라 우주론을 소개하면서 사족으로 이런 감상을 덧붙인다.

장미십자단의 상징

<그림 13> 장미십자단의 우의화

16세기 중엽 파라켈수스(Paracelsus)라는 독특한 의사가 있었다. 그는 유럽 각지를 방랑하면서 의학이나 연금술, 점성학 관련 서적을 여러 권 썼다. 오만하기 그지없는 성품에 걸핏하면 화를 냈고, 심지어 술주정뱅이여서 그에 관한 온갖 나쁜 소문이 파다했다. 남색가, 사기꾼, 허풍쟁이라며 갖은 욕을 다 먹었지만 에라스무스(Desiderius Erasmus, 네덜란드 출신의 인문주의자-역주) 같은 위대한 학자와도 서신을 주고받으며 친밀히 교류했던 수준 높은 인물이었다. 마술과 철학에 관한 학식은 그를 능가할 자가 없었고, 근대 마술사들은 모두 그를 위대한 지도자로 존경했다. 파라켈수스가 쓴 책 중에는『24년 후의 예측』이라는 제목의 기묘한 그림이 그려진 소책자가 있다. 당시 유행했던 '달력'과 비슷하긴 했지만, 약간 특이했다. 보통 달력이라면 고작 1년 앞을 예측하는데 이것은 24년 후라는 먼 미래까지 포함하고 있었기 때문이다.

예를 들면 성직자 한 명이 누군가에 의해 호수에 빠져 있는 그림이 나온다. 주위에서 그를 향해 창을 겨누는 상황이다. 그는 살려달라고 애원하고 있다. 그림 옆에는 다음과 같은 설명이 적혀 있다. "제멋대로 행동했기 때문에 이런 한심스러운 운명이 너를 기다리고 있었느니라…."

이런 소책자가 독일 아우크스부르크(Augsburg)에서 발행된 것은 1536년의 일이었다. 그로부터 24년 후라면 1560년, 즉 종교개혁의 광풍이 유럽 전역을 휩쓸면서 가톨릭 신부들의 타락상이 공개되어 맹공격을 당했던 해였다. 이렇게 생각해보면 파라켈수스의 난해한

<그림 14> 파라켈수스의 『예측의 서』에서 발췌

우의화도 왠지 의미심장한 것처럼 보인다. 신기하기 그지없다.

그뿐만이 아니다. 신기한 것이 너무 많아 도저히 이루 다 셀 수 없을 정도다.

예를 들면 두 개의 돌절구 있고 그중 하나에는 입에 채찍 다발을 문 뱀 한 마리가 휘감겨 있고, 뱀의 옆에는 손에 검을 쥔 팔뚝 하나가 구름 속을 뚫고 나온 그림이 있다. 엘리파스 레비(Eliphas Levi, 프랑스의 신비학자-역주)의 해석에 따르면 국가의 두 세력을 나타내고 있는 것으로, 두 개의 돌절구 중 뱀이 휘감고 있는 것은 민중 세력, 다른 하나는 귀족 세력이라고 한다. 그리고 검을 쥐고 있는 손이 돌절구를 뒤엎으려는 뱀, 즉 민중의 힘을 지휘하고 있다는 것이다.

말할 것도 없이 이는 프랑스 대혁명을 암시하고 있다. 하지만 어째서 24년 후라는 연대까지 지정했을까. 1789년의 바스티유 함락보다는 상당히 이른 감이 없지 않다. 그런데 혹시나 싶어 이 24년을 열 배로 해서 초판 발행연도인 1536년에 240년을 더하자, 1776년이라는 연도가 나온다. 대혁명 발발 연도에 꽤 가까운 수치다. 이번엔 재판(再版) 발행연도인 1549년에 240년을 더하자 1789년이 되었다. 대혁명 발발 연도와 일치한다.

물론 이런 수수께끼 해석 놀이에는 저명한 예언자 노스트라다무스(Nostradamus)의 『세기들(Les Centuries)』(일본어 제목은 백시편[百詩篇]-역주)에서처럼 다양한 해석의 여지가 생겨날 것이다. 어쨌든 파라켈수스의 예언이 로마 교회와 귀족 사회에 대한 혁명을 의미했다는 점에는 의문의 여지가 없다. 커다란 돌절구가 왕관을 깔아뭉개려는 그림이나 마른 나뭇가지에 프랑스 왕가의 백합꽃 문장이 걸려 있는 그림은 민중 봉기와 왕가의 몰락을 노골적으로 빗댄 것이라고 해도 좋다.

그러나 가장 주목해야 할 그림은 왕관 위에 장미꽃이 있고, 그 위에 'F'라는 큰 문자가 있는 그림이다. 'F'는 Fraternitas(우애, 동지애)를 의미한다고 여겨진다. 틀림없이 이 우의화는 장미십자단이라는 이름을 지닌 혁명적 비밀결사를 암시할 것이다. 장미십자단은 17세기 초반에 이르러서야 비로소 공공연하게 그 이름을 드러낸 비밀결사 조직으로, 유럽 곳곳에서 어마어마한 화젯거리가 되곤 했다. 전 세계의 변혁과 지상의 쇄신을 목적으로 한 이 신비스러운 결사가 설령 왕권 위에 서겠다는 꿈을 꾼 적이 있다 해도 전혀 이상할 것이 없다(그림 15 참조).

파라켈수스의 미스터리한 우의화는 이런 억측을 충분히 이끌어 낼 만한 그림이었기 때문에, 학자들 중에는 파라켈수스를 장미십자단의 원조로 여기는 사람이 생겨날 정도였다.

그러나 장미십자단의 기원은 매우 애매모호하다. 중세의 수많은 연금술사와 카발라 학자들은 유럽 각지를 여행하면서 지식을 교환할 필요성을 느껴 일종의 길드(Guild, 동업조합) 비슷한 조직을 만들었고, 이를 통해 엄격한 이단 심문이나 화형 같은 탄압을 가까스로 피할 수 있었다. 완전한 지하조직이었으며 기술이나 학문, 종교사상이나 정치사상 등과 불가분의 관계로 이어져 있었다. 이런 식으로 현세를 부정한 금욕적 '카타리파(Cathari)'나, 기괴한 양성적 우상 바포메트(Baphomet)를 숭배한 '템플기사단', 그리고 16세기에는 마술사 아그리파가 창립한 '황금십자단', 연금술사 스투디온(스터디온)이 독일 뉘른베르크(Nuremberg)에서 결성한 '복음십자단(福音十字団)' 같은 많은 이단 비밀결사가 유럽 각지에 연이어 등장했다. 독일에서 생겨난 장미십자단도 그중 하나로, 아마도 복음십자단의 계통을 이은 것으로 생각된다.

그러나 전설적인 장미십자단의 창립자로 지목되는 인물은 독일의 크리스티안 로젠크로이츠(Christian Rosenkreutz)라는 귀족이다. 기괴한 이 인물의 생애에 대해서는 17세기 학자 발렌틴 앙드레(Johann Valentin Andreae)의 책에 상세히 소개되어 있다. 내용을 간단히 소개하면, 로젠크로이츠는 1378년에 태어나 1484년에 죽었다고 나와 있기 때문에 그야말로 100년이 넘도록 살았다는 이야기다. 실로 놀랄 만한 인물이다. 1604년에 그의 무덤이 발견되었다는데, 무덤 속에서 양피지로 된 성전을 손에 쥐고 있던 그의 시신은 전혀 부패하지 않은 채 '영원의 램프' 빛 아래 그대로 누워 있었다고 한다. 그뿐만 아니라 무덤 입구에는 '120년 후에 나는 나타날 것이다'라는 라틴 문자가 새겨져 있었다.

젊은 시절 터키와 아라비아를 여행하며 온갖 동방 기원의 비전을 몸에 익힌 로젠크로이츠는 만년에야 고향 독일로 돌아왔다. 그러나 세상을 개혁하기에는 아직 시기상조라고 판단했기에 직접 수도원을 세운 후 오랜 세월 연구에 몰입했다. 그는 '철학의 돌'을 가지고 있었다고 한다. '철학의 돌'은 다른 이름으로는 '현자의 돌', '화금

석(化金石) 혹은 '제5원소'라 불렸는데 모든 물질을 황금으로 바꿀 수 있는 성능을 가진 돌을 말한다. 처음에는 제자가 세 명밖에 되지 않았지만 그들의 결속력은 매우 강했고, 이윽고 제자가 여덟 명으로 늘어나자 다음과 같은 규약을 만들었다.

> 하나, 우리의 활동은 대가를 받지 않고 오로지 병자를 치료하는 일이다.
> 하나, 우리는 특별한 복장을 하지 않는다.
> 하나, 우리는 매년 '성령의 집'에서 회합한다.
> 하나, 동지는 각각 후계자를 고른다.
> 하나, 로젠크로이츠의 두문자인 R, C가 우리의 유일한 문장(紋章)이며 배지다.
> 하나, 동지회는 향후 백 년간, 존재를 공공연히 밝히지 않는다.

이리하여 장미십자단 운동은 신비스러운 전설의 구름에 에워싸인 채 중세·르네상스기를 통해 은밀히 전 유럽으로 파급되어갔다. 장미십자단이라는 존재가 공공연히 알려지게 된 것은 앞서 언급했듯이 17세기 초엽이었다. 파리 시내 곳곳에 한밤중 은밀히 선전 전단지가 붙었다. 서명은 '장미십자동지회'로 되어 있었다. 정부 관리는 인접국 독일의 스파이가 꾸민 음모가 틀림없다고 속단해 경계의 눈을 게을리하지 않았지만, 결국 장미십자단원을 단 한 명도 체포

<그림 15> 장미십자단 문장(紋章)

할 수 없었다.

당시 이것이 얼마나 대단한 화젯거리였는지를 보여주는 좋은 예로 유명한 프랑스 철학자 데카르트를 들 수 있다. 그는 이 조직에 흥미를 느껴 친구를 통해 이 단체에 가입하고 싶다는 의향을 내비친 적이 있다. 그러나 데카르트의 열망에도 불구하고 장미십자단의 본거지인 '성령의 집'은 끝내 밝혀낼 수 없었다.

그러나 일반 민중은 장미십자단원을 필시 마술사나 사기꾼일 거라고 철석같이 믿으며 두려워했다. 자칭 장미십자단원이라는 인물한테서 금화를 받는데 얼마 후 다시 보니 동화로 바뀌어 있었다는 이야기도 있었다. 그뿐만이 아니었다. 장미십자단원은 놀랄 만큼 거대한 사파이어 반지를 끼고 있다는 소문도 돌았다. 어떤 선원은 영국 해안 가까이에서 악마에 올라탄 채 하늘 높이 날아가는 장미십자단원을 두 눈으로 똑똑히 봤다고 주장하고 나섰다.

이런 이야기도 있다. 어느 의사가 1615년 여행 중 검소한 차림새를 한 수도사풍의 사내와 여행 중 가까워져 함께 숙소에 묵게 되었

<그림 16> 루터의 인장

다. 그 사내는 장미십자의 배지를 달고 있었는데, 고대의 언어나 외국어를 자유자재로 구사할 뿐만 아니라 놀랄 정도로 박식했고 병자는 누구라도 무료로 치료해주었다. 나무에 자라는 이끼조차 태연히 먹었으며 예언 능력까지 겸비했다. 나이는 무려 92살이었으며 스승 로젠크로이츠의 세 번째 제자라고 했다. 그는 동일한 곳에서 2박 이상을 머물지 않다가 바람처럼 홀연히 자취를 감춰버렸다. …

로젠크로이츠는 독일어로 '장미십자'라는 의미다. 그러므로 단체의 명칭은 창립자의 이름에서 유래된 것으로 보인다. 하지만 이런 이름을 가진 귀족이 실제로 존재했는지는 의문의 여지가 있다. 오히려 장미십자의 상징이 무엇을 의미하는지를 밝히는 것이 문제의 핵심일 것이다. 앞서 소개한 파라켈수스의 『예측의 서』 외에도, 예를 들면 니콜라 플라멜의 연금술 관련 서적이나 프랑스 옛이야기를 담아내고 있는 『장미 이야기』, 마르틴 루터(Martin Luther)의 인장 등에 이 장미십자의 상징이 종종 사용되었다.

간단히 말해 장미십자란 동방의 비전적 지식(장미)과 기독교(십자)의 결합이었다. 장미는 원래 인도나 페르시아의 꽃으로, 중세 유럽의 정신세계와는 거리가 있는 알렉산드리아 문화의 상징이었다. 따라서 이런 두 요소의 결합은 이른바 기독교적 비전주의라고 표현할 수 있는 신비스러운 문화적 혼혈아였던 셈이다.

한편 다섯 장의 꽃잎을 가진 장미는 5라는 숫자를 기본으로 하는 연금술의 원리를 나타낸다. 짝수는 2였고 홀수는 3이었으며 이것의 통일은 5였다. 이 원칙은 남녀의 결합과도 맥락을 같이한다. 장미십자단의 대변인이었던 발렌틴 앙드레(Johann Valentin Andreae)가 쓴, 로젠크로이츠를 주인공으로 한 『화학의 혼인(Chymical Wedding of Christian Rosenkreutz)』이라는 일종의 전기소설에는 왕(유황)과 여왕(수은)의 성적 환희에 관한 기괴한 에피소드가 묘사되어 있다. 이것 역시 연금술적 원리를 적용한 것이다. 훗날 프리메이슨(Freemason)이 채용한 직각자와 컴퍼스의 상징과 정중앙에 G(생식을 의미함)라는 문자가 있는 펜타그람(pentagram, 오망성형[五芒星形])의 상징 역시 '5'라는 숫자가 기본이 되고 있다.

이런 식으로 연금술적 탐구는 애초부터 지상적인 애욕과 육체적 욕망 속에서 신비스러운 오의(奧義)에 도달하기 위한 하나의 중요한 계기를 인정하고 있었다. 이것이 '5'라는 숫자를 기본으로 하는 장미꽃의 상징이다. '현자의 돌'을 '제5원소'라고 부르는 배경을 떠올려봐도 좋을 것이다. 아마도 금욕과 고뇌에 짓눌려 있던 중세적 마조히

즘 전성시대에, 헬레니즘적 육체의 찬미와 영혼의 고양을 자랑스럽게 선언할 수 있었던 사람, 그것이 바로 연금술사라고 불리던 소수의 인간들이었음에 틀림없다.

『장미십자단의 진실에 대해서(Instruction à la France sur la vérité de l'histoire des Frères de la Roze-Croix)』(1623)라는 책 속에서 프랑스의 유명한 귀신론자 가브리엘 노데(Gabriel Naudé)는 "그들은 로마 교황의 왕좌를 산산이 부숴버릴 수 있다고 호언장담하면서 교황을 적그리스도라고 공언하며, 동양의 권위(마호메트)와 서양의 권위(교황) 모두를 싸잡아 비난하고 공격한다"라고 적고 있다. 요컨대 그들은 요즘 말로 표현하자면 미국적 민주주의와 소피에트식 사회주의 모두를 인정하지 않는, 순수한 극좌 트로츠키주의자(Trotskyst) 같은 조직이었던 것이다.

8, 9세기경에 결성된 것으로 추정되는 건축업자(건축석공)들의 동업자 조합인 '프리메이슨'이 17세기에 이르러 다시금 세력을 갖게 된 것도 장미십자단 소속의 영국인들이 다수 가입했기 때문이다. 천문학자인 월리엄 릴리(William Lilly), 연금술사 일라이어스 애시몰(Elias Ashmole)과 그 밖의 장미십자 학자들이 1645년 프리메이슨에 대거 가입해 중요한 역할을 담당하게 되었다. 당국의 단속이 심해진 바람에 표면적으로 건축업자조합이라는 간판을 내세워 집회와 의식을 거행할 필요가 있었기 때문이다. 프리메이슨의 신비한 성격은 솔로몬 전당을 지은 건축사 히람(Hiram) 이후 아득히 머나먼 고대부터 오랜 세월 이어져 내려왔는데, 그것을 한층 이론적으로 발전

시킨 자들이 바로 장미십자단원들이었다.

그러나 장미십자단의 사상은 정치적이라기보다 오히려 순수하게 마술적이었다. 그들은 지식과 행동으로 전 인류가 형제가 될 수 있는 세계로 다가갈 수 있다고 믿었다. 마술이나 연금술도 모두 그런 절대적 조화에 접근하기 위한 힘이자 수단이었다.

파라켈수스에서 출발해 독일 바로크시대에 결실을 맺게 된 신비스러운 장미십자의 전통은 19세기 독일 낭만주의 환상소설에도 지대한 영향을 주었다. 예를 들면 노발리스(Novalis), 클라이스트(Heinrich von Kleist), 호프만(Hoffmann, Ernst Theodor Amadeus) 등이 남긴 마술적 환상소설이나 기괴소설이 떠오른다.

또한 헤겔(게오르크 빌헬름 프리드리히 헤겔[Georg Wilhelm Freidrich Hegel])은 『법철학』 서문에서 이성을 "현재라는 십자가 속에 드리워진 장미"라고 불렀다. 이는 헤겔의 정신과 변증법이 마술과 밀접한 관련성을 지닌다는 증거일 것이다.

17세기는 일반적으로 이성 만능의 고전주의 시대로 간주되고 있는데, 이 시대에 장미십자 전설이 민중 사이에 퍼졌다는 사실은 아무리 생각해도 아이러니하다. 독일의 신교도와 구교도가 반목해 싸웠던 30년전쟁 중에도 참으로 해괴한 전설이 도시에 널리 퍼졌다. 그것은 '숨은 철학자'에 관한 소문이었다. 즉, 여러 나라를 유랑하는 비전의 체득자, 연금술사를 가리킨다. 이것도 장미십자단과 간접적으로 관계가 있기 때문에 그 예를 들어보겠다.

1666년 12월 27일 아침, 엘베시우스(Helvetius)라는 유명한 의사 집에 낯선 외국인이 불쑥 찾아왔다. 겉모습은 성실해 보였지만 표정은 오만하기 그지없고 수도사풍의 허름한 망토를 걸치고 있었다.

그는 엘베시우스에게 '철학의 돌'이란 것을 믿느냐고 물었다. 의사가 믿지 않는다고 대답하자, 그 사내는 천천히 상아 상자를 열더니 안에 들어 있던 오팔 같은 작은 물질 3개를 보여주며, "이것이 그 유명한 돌입니다. 이 정도 분량으로 20톤의 황금을 만들 수 있습니다"라고 득의양양하게 말했다.

반신반의하던 의사가 그렇다면 좀 나눠달라고 말하자, 오만방자한 손님은 강한 어조로, "그건 절대로 안 됩니다. 설령 당신의 전 재산을 준다 해도 그것만은…"이라고 대답한다.

엘베시우스가 의아하다는 기색을 내비치자 사내는 황색 물질을 둘로 쪼개 한쪽을 의사에게 내밀고는, "이 정도 있으시면 충분하겠지요? 나중에 다시 오겠습니다"라고 말하고 홀연히 돌아갔다.

그 사내가 다시 나타났을 때, 엘베시우스가 받은 오팔 같은 물질은 납을 유리로 바꾸는 데 성공했다. "노란 밀랍에 싸뒀으면 좋았을 것을. 그랬다면 유리가 아니라 진짜 황금이 됐을 겁니다"라며 자못 애석해했다. 그리고 다음 날 아침 9시에, 드디어 기적을 실현해 보이겠노라며 돌아간 후 두 번 다시 모습을 드러내지 않았다.

하지만 엘베시우스는 그 외국인이 가르쳐준 대로 홀로 충실히 실험을 거듭한 결과, 마침내 황금을 손에 넣게 되었다. 물질을 노란 밀랍으로 싸서, 3드라크마(Drachma)가 녹아 있는 납에 넣었더니 용액은 순식간에 황금으로 변했다.

의사가 이것을 금은세공소에 가지고 가서 감정해보았더니, 아니나 다를까 진짜 황금이었다. 상인은 1온스 50플로린(florin)에 사들였다고 한다.

이런 소문을 들은 철학자 스피노자는 힘들 텐데도 굳이 직접 확인하러 직접 금은세공소에 갔다. 상인은 브레히텔이라는 자로 오렌지공(네덜란드 유력 귀족-역주)도 아끼는 훌륭한 전속 세공사였다. 거짓말을 할 리 없었다. 다수의 증인들도 있었다. 그러자 스피노자는 이번엔 엘베시우스의 자택으로 가서 실험에서 실제로 사용했던 도가니를 확인했다. 용기 안에 미세하게 들러붙어 있던 황금 부스러기가 여기저기에서 반짝거리고 있었다. 이쯤 되자 제아무리 스피노자라도 어쩔 수 없이 연금술이 실제로 존재한다는 사실을 믿을 수밖에 없었다고 한다.

이것이 '숨은 철학자' 1호다. 그렇다면 2호의 실화를 소개해보자.

알렉산더 시슨이라는 스코틀랜드인이 있었다. 연금술사로 통했던 사내였는데, 스위스 취리히에서 바젤(Basel)까지 배를 타고 여행하는 동안, 프라이부르크대학(University of Freiburg)의 교수라는 직함을 가진 보르프간크 딘하임이라는 사내와 같이 지내게 되었다.

그런데 이 교수는 배가 목적지에 도착할 때까지 줄기차게 연금술을 공격하며 끊임없이 비판을 가했다. 이윽고 배가 바젤에 도착하자 시슨은 "그렇다면 이론보다 증거를 대봅시다. 그쪽 나으리께서도 부디 함께" 하며 권했다. 권유받은 세 번째 사내는 바젤대학 의학교수로 『독일 의학사』라는 저서도 남긴 츠빙거(Zwinger)라는 인물이었다.

세 사람은 함께 근처 금박 전문점에 갔다. 도중에 귀금속가게에서 도가니를 빌리고, 유황과 납을 샀다. 금박가게에 도착하자 바로 가마에 불을 붙여 납과 유황을 도가니에 넣어 가열시켰다. 15분쯤 지나자 시슨은 "이 뭉친 종이를 용액 속에 던지시오. 정중앙에 잘 떨어뜨려야 합니다. 불이 붙으면 위험하니까요"라고 말했다.

훗날 딘하임의 증언에 의하면, 뭉친 종이 안에는 분명히 소량의 분말이 있었다고 한다.

어쨌든 15분 정도 지나자, 납과 유황 용액이 부글부글 끓기 시작했다. 이윽고 가마의 불을 껐을 때 용액은 완전히 순금으로 바뀌었다. "어떻습니까!" 하고 시슨이 웃으며 말했다. "이론보다 증거란, 바로 이런 것을 말합니다만⋯."

시슨이라는 이름을 지닌 이 연금술사는 가엾은 사내였다. 작센(Sachsen) 선거후(독일 황제 선거권을 가졌던 일곱 사람의 제후-역주) 크리스티안 2세 때문에 투옥되어 혹독한 고문을 당했다. 철 꼬챙이로 살을 뚫거나 달군 인두로 지지는 고문까지 당했지만, 그는 끝까지 연금술 비전을 실토하지 않았다. 결국 고문집행인이 오히려 지쳐 나가떨어질 즈음에야 폴란드 출신 연금술사 센디보기우스(Sendivogius)라는 사람의 도움을 받아 감옥에서 풀려났다. 그러나 감옥에서 나온 지 얼마 되지 않아 세상을 떠났다.

목숨보다 소중한 '철학의 돌'은 그가 죽을 때, 생명의 은인인 센디보기우스에게 물려주었다고 한다.

야행요귀편

VINCE   TE IPSVM.

EFFIGIES IOANNIS WIERI ANNO
ÆTATIS LX·SALVTIS M·D·LXXVI·

<그림 17> 요한 바이어(Johann Weyer)의 초상

아그리파나 파라켈수스에 의해 체계화된 고대 이래의 자연철학풍 고등마술(high magic)의 원리에 따르면, 우주에는 흙의 요정 놈(Gnome), 물의 요정 운디네(Undine), 공기(바람)의 요정 실프(Les Sylphes), 불의 요정 샐러맨더(Salamander)라는 이른바 4대 요정이 존재한다고 한다. 출신 성분이 확실한 이런 요정 종족과 달리, 저속한 마술(low magic) 세계에서는 좀 더 섬뜩하고 음침하고 불길한, 그리고 불완전한 존재인 라바(larva, 원령)라는 종족이 세력을 떨치고 있다.

라바는 생물학적 용어로 '유충'이라는 의미다. 마술 용어로는 우주의 영체조직에서 삐져나온, 어디에도 속할 길 없는 '존재 이전의 존재', '존재의 맹아' 정도의 의미로 쓰인다. 예를 들면 죄인이 처형되면서 땅 위에 불결한 피와 정액을 흘리면 거기서 라바가 생긴다고 한다. 처녀나 유부녀의 부정한 피, 자위나 몽정 중 흘린 남성의 정액도 불길한 증기처럼 피어올라 라바가 된다고 한다.

요컨대 지옥행이 선고된 저주받은 영혼이나 덧없이 소비된 저주받은 목숨의 씨앗 따위가 해당 유기체가 생명이 다한 이후에도 집요하게 계속 존재하려고 할 때, 그 집념이 괴이한 존재의 그림자처럼 라바가 되어 사람들을 괴롭히게 되는 것이다.

그런 까닭에 라바는 병을 앓고 있는 환자나 망상가, 고독한 자나 억압받은 인간 주위로 몰려드는 경향이 있다. 사막에서 금욕 수행 중이던 수도사 성 앙투안(Saint Antoine)이 봤다는 환영 같은 것도, 결국엔 모두 라바의 소행이라 해도 좋을 것이다. 건강하지 않은 몽상, 좌절된 의지, 채워지지 않은 욕망이나 원한, 이런 것들이 라바가 가

<그림 18> 라바와 싸우는 파라켈수스

장 선호하는 온상이다. 같은 영적 존재라 하더라도 운디네(물의 요정)
나 실프(공기의 요정)는 형태가 확연하고 명료해서 상쾌한 느낌을 주
는 데 반해, 라바는 음울하고 무기력하고 더럽고 비천하고 음탕하
며, 질척대고 흐물흐물하고 음습한 느낌이다. 라바는 "절대로 성장
하지 않는 거대한 태아의 한탄이나 매한가지!"라는 쥘 부아의 언급
은 매우 적절한 표현이다.

성 앙투안뿐만 아니라 중세 금욕 수도사나 수녀들이 예배당에서, 혹은 고독한 침대 위에서 이런 라바에게 얼마나 괴롭힘을 당했는지에 대해서는 많은 예들이 남아 있다. 지금 여기서 그 많은 예들을 일일이 거론할 여유는 없지만, 그토록 오만불손했던 파라켈수스조차도 잠을 이루기 전엔 항상 장검을 옆에 두고 혹시 모를 라바의 습격에 대비했다고 한다. 천하의 마술사라 하더라도 인간적 약점은 존재했던 모양이다. "한밤중에 종종 악몽에 시달리다 눈을 뜨면 파라켈수스는 검을 손에 쥐고 일어서서 주위의 어둠을 향해 검을 마구 휘두른다. 이윽고 지쳐 땀으로 범벅이 되어 문득 정신을 차리면, 주위에는 온통 난도질당한 라바의 머리, 흐물흐물한 손발이나 섬뜩한 마성의 피로 흥건했다"는 것이다(질 부아『악마주의와 마술(Le Satanisme Et la Magie)』).

한편 라바와 흡사한 존재로, 서큐버스(Succubus, 음란한 꿈속에 나타나는 여자 악마)와 인큐버스(Incubus, 음란한 꿈속에 나타나는 남자 악마)라는 것이 있다. 유명한 귀신 연구자 마틴 델 리오(Martn[Martino] Del Rio)나 장 보댕(Jean Bodin), 성 토마스 등의 의견에 의하면 남자 악마인 인큐버스는 여자와 성적 관계를 맺고, 여자 악마인 서큐버스는 잠들어 있는 남자의 성욕을 자극해 수동적인 입장에서 성적 관계를 맺는 존재라고 정의할 수 있다.

15세기 말 독일 쾰른의 대사교였던 야콥 슈프렝거(Jacob Sprenger)는 귀신 연구자로 예로부터 절대적인 권위를 가지고 있던 사람이었다. 그는 종종 여자 요술사와 악마가 서로 몸을 얼싸안고 흉하게 몸

<그림 19> 서큐버스와 인큐버스

을 흔들며 성적 관계를 맺는 모습을 목격했다고 보고하고 있다. 그런 현장에선 말로 형용하기 어려운 악취가 진동했고, 질투심에 불탄 여자 요술사의 남편이 악마에게 달려들어도 손에 든 단도로 허공만 휘두를 뿐 아무 소용이 없었다.

『말레우스 말레피카룸(Malleus Maleficarum)』(마녀를 심판하는 망치)이라는 슈프렝거의 저서는 교황 인노첸시오 8세(Innocentius VIII)의 요청으로 쓰게 된 마녀 재판 법전이다. 몇 번이나 출판을 거듭하면서 유럽 전역에 퍼졌는데, 그 안에는 다음과 같은 내용이 적혀 있다. "여자는 남자보다 육욕이 강하다. 이는 주님께서 아담의 가슴속에서 구부러진 갈비뼈 하나를 빼내 그것으로 여자의 조상 이브를 창조하셨기 때문이다. 그러므로 여자는 불완전한 동물이며 따라서 항상 남자보다 악마의 유혹에 빠지기 쉽다."

어쨌든 인간과 악마가 실제로 성적 교류를 한다는 생각은 가톨릭 교회 사람들, 예를 들면 성 아우구스티누스, 성 토마스, 성 보나벤투라(Bonaventura), 교황 인노첸시오 8세, 기타 다수의 박사들에 의해 공식적으로 입증되었다. 그들은 악마와의 결합을 통해 어쩌면 아이가 태어날 수도 있다고 판단했다. 단, 그럴 경우 인간 여자와 성교한 인큐버스(남자 악마)는 남자가 몽정 때 배출한 정액을 가져다 사용한다고 여겨졌기 때문에 태어난 아이의 아버지가 누구인지가 문제가 되었다. 즉 아이 어머니와 꿈속에서 잠자리를 같이한 악마가 아버지인지, 아니면 정액의 실제 주인인 남자가 아이 아버지인지, 이 점이 신학상의 중대한 문제로 대두되었다. 이에 대해 성 토마스는 인큐버스가 아니라 정액의 주인이 아이의 진짜 아버지라고 단언했는데, 이 점은 매우 흥미롭다. 마리 드메디시스(Marie de Medicis)의 고해성사를 받았던 바라디에 신부는 말했다. "사탄은 잠들어 있던 남자에게서 임신을 위해 필요한 원료를 빌린 다음, 꿈을 통해 이것을 여성의 몸 안에 주입시킬 수 있다. 그 방법이 너무나 민첩한 까닭에, 처녀막을 찢기도 전에 원료는 처녀의 몸속 깊숙이까지 들어간다. 처녀는 미처 그 사실을 깨닫지도 못한 채 그 원료를 품어 키울 것이다."

그러나 역사가 시니스틀라리 다메노에 의하면 꿈에서 나오는 성적 악마, 즉 '몽마'라는 악마는 신의 대항자가 아니라, 반은 인간이고 반은 동물인 파우누스(Faunus, 반은 인간이고 반은 염소의 모습을 한 반인반수 신-역주)나 판(Pan, 파우누스처럼 반은 인간이고 반은 염소-역주), 사티로스(Satyros, 그리스신화에 등장하는 반인반수 종족-역주) 등의 이름을 가진 이교도의 신이라고 한다. 수긍이 가는 측면이 있다. 중세가 말살하려 했던 고대 우상신을 도입해 성의 잠재의식 문제에 주목한 착상이라는 점에서 상당히 흥미롭기까지 하다. 중세에 걸쳐 요술이 유행했다는 사실은 민중 사이에서 잠재의식처럼 이어져 내려온 고대 신앙이 의외로 뿌리가 깊었다는 사실을 여실히 보여주고 있다.

악마 예배가 고대 동방의 밀의종교와 본질적으로 다르지 않았던 시대에, 교회는 아직 이것의 위험성을 인지하지 못했다. 그런데 중세에 이르러 무서운 사탄(마왕)이 신의 대항자임을 드러내며 지상에 악의 영역을 요구하자, 이런 껄끄러운 신학적 문제에 대해 교회 측도 더는 묵과할 수 없는 상태로 내몰리게 되었다. 때마침 검은 역병 페스트가 유럽 전역에 창궐하자, 사탄의 지배권은 위험천만한 존재로 차츰 교회의 권위를 침범하기 시작했다.

하지만 중세의 악마 예배는 주로 요술이나 사바트(사바스라고도 함. 밤의 향연-역주)라고 불렸던 저속한 마술이었으며, 시골의 하층 농민이나 빈곤계층 사이에서 나타난 현상이었다. 분명 교회의 질서는 부유층과 빈곤층을 화합시켜 조화로운 신의 왕국을 지상에 실현하는 것인데, 가난에 허덕이는 서민층 입장에서 신의 왕국은 동시에 절망의 왕국이었다. 승려와 귀족을 위해 피땀을 흘려야만 했던 그들의 생활은, 지금의 우리가 도저히 상상할 수 없을 정도로 비참했을 것이다.

절망한 농노들이 꿈속으로 도피한 것은 어쩌면 당연한 결과였을지도 모른다. 그들은 잠재의식 저편으로 사라져버린 고대의 신들, 중세가 내쫓은 마물이나 정령들을 큰 목소리로 불러들였다. 그러자 등장한 것이 지하에 사는 소인(小人)이었던 놈(Gnome), 혹은 소나 양의 머리를 한 반수신들이었다. 사티로스는 털로 뒤덮인 피부에 튼실한 고환이 있었다. 왕성한 생식력을 지녔기에 기독교 악마처럼 잠들어 있는 남자의 정액을 굳이 훔치지 않아도 서민 여자들을 충분히 임신시킬 수 있다. 그야말로 농민적 발상이었으며, 이른바 신학적 악마 관념을 부정하는 자연적 악마 예배라고 표현할 수 있을 것이다.

게다가 사티로스나 파우누스 같은 신화 속 괴물 자체가 일종의 악마적 자연을 매개로 한 '인간과 동물의 성적 결합의 결실'이라는 견해도 있다. 수간은 이스라엘인들 사이에서는 아주 평범한 습관이었다. 성 히에로니무스(Eusebius Hieronymus)가 『예레미야 주해』에서 파우누스를 "무화과가 있는 자"라고 불렀던 것은 이 반수신이 ficus(무화과, 즉 부스럼)투성이의 더러운 얼굴을 하고 있다는 의미만이 아니었다. 한편으로는 아라비아나 스페인 속어로 '무화과'가 여성 성기를 의미했던 것처럼, 이 반인반수의 괴물이 이스라엘인의 욕망의 대상이었다는 것을 암시하고 있는 것으로 보인다. 17세기 귀신 연구자 마리아 과초(Maria Guazzo)는 인큐버스(남성 '몽마')가 암말에 들러붙는 경우도 있다고 주장하며 다음과 같이 쓰고 있다. "암말이 악마의 충동에 순종할 때는 부드럽게 애무해주거나 갈기를 땋아주기도 하는데, 일단 암말이 말을 듣지 않으면 악마는 암말을 괴롭히거나 찌르다가 결국 죽여버린다. 이는 매일같이 일어나는 일이다."

근대의학 이전에는 유산도 악마적 소행이라고 믿었다. 사바트에서는 요술사들이 춤추는 사이사이에 끈적거리고 유황 냄새가 진동하는 꺼림칙한 살덩이를 계속 배출했다.

『테아투름 유로패엄(Theatrum Europaeum, 유럽의 연극)』이라는 저술에 의하면, 포메라니아(Pomerania)에서 고문을 당한 10세 소녀는 "나는 악마의 자식을 두 명 낳은 적 있다. 지금도 배 안에 세 번째 아이가 있다"라고 고백하고 화형에 처해졌다고 한다. 게다가 재판관의 증언에 따르면 소녀는 육체적으로는 완벽한 처녀였다고 한다. 참으로 기괴하고 참혹한 이야기다.

인큐버스를 내쫓으려면 방 안에 후추와 쥐방울풀 뿌리, 석죽, 생강, 계피, 육두구, 소합향, 안식향, 가라수 등의 혼합물을 태워 연기를 피우면 된다고 신학 서적에 기록되어 있다. 이 조합은 습기를 좋아하는 악마에게 효과적이라는 것이다. 다른 종류의 악마에게는 수련꽃, 우산이끼, 대극초, 만드라고라[맨드레이크](Mandragora), 사리풀 등을 사용하면 된다고 적혀 있다.

'몽마' 현상은 19세기가 되어도 소멸하기는커녕 반대로 더욱 세련되어갔다. 예를 들면 지라를 드코단벨의 『영적 세계와 기독교 지식』이라는 책에서 언급된 처녀 마리아와의 기괴한 성적 에피소드 따위는 다소 위선적 느낌도 들긴 하지만, 역시 그냥 지나칠 수 없는 사항이다.

코단벨은 강령술에 심취해 점술과 자동기술을 연구한 자였다. 죽은 가족이나 친구들과도 대화할 수 있게 되었다는데, 이윽고 대화만으로는 만족할 수 없어 입술과 손으로 그들과 직접 접촉하고 싶다는 꿈을 꾸기 시작했다. 그래서 실험할 때마다 행복한 애무와 입맞춤의 쾌락을 느낄 수 있게 되어 1854년 11월 여동생의 입회하에 성모 마리아에게 질문을 해보기로 했다. 먼저 기도문을 외운 후 펜을 들고 자동기술을 준비하자, 펜이 저절로 움직여 마리아의 이름을 종이에 자연스럽게 써내려갔다. 이는 마리아의 영혼이 질문에 응답했음을 의미한다. 그뿐만이 아니다. 그가 쥐고 있던 펜이 계속 움직여 마지막 부분에 나오는 서명에 작은 십자가까지 덧붙였다!

"그 순간 고마운 마음이 나로 하여금 작은 십자가에 입맞춤하게 했다"라고 코단벨은 쓰고 있다. "그러자, 놀라워라! 분명 상대방도 내 입술에 답례의 입맞춤을 해주는 느낌을 받았다. 결코 기분 탓만은 아니었다. 나는 설마 그런 일이 벌어지리라고 꿈에도 생각하지 않았다. 그래서 다시 한번 시도했는데 역시 똑같은 느낌을 받게 되었다. 나의 의심은 완전히 사라졌다. 나라는 존재 안에 온통 감미로운 전율이 흘렀다. 그 직후 나는 잠들기 전, 어둠과 침묵 속에서 다시금 그 일을 떠올려보았다. 볼 수도 느낄 수도 들을 수도 없는 존재가 내 곁에 가까이 있는 듯했다. 그러자 그 순간 더할 나위 없는 황홀경에 빠졌다. 나는 기쁨의 눈물을 흘리며 환호성을 쳤다. 그렇게 밖엔 표현할 길이 없는 '행복의 절정'에 도달했다. 이리하여 이 감각은 30분 이상이나 이어졌고, 이는 내가 그때까지 알았던 그 어떤 느낌보다 강렬했다."

"어느 날, 하늘의 여자 친구에게 대화를 요구하자 그녀는 자동기술로 나에게 이렇게 대답했다. '우리에게는 오로지 쾌락만이 허락되었습니다. 이야기를 나눌 수는 없습니다.' 어느 날 밤, 나의 입맞춤에 답하는 그녀의 입맞춤이 갑자기 격렬해졌다. 나는 그대로 녹아버릴 지경이었다. 감동에 빠진 나에게 이루 말할 수 없는 희열이 나의 온몸을 가득 채워주었다. 신비로움이 실현된 것이다. 하늘과 땅이 사랑으로 하나가 되었다!"

코단벨은 이런 표현으로 마무리하고 있다. "이 향락은 아무리 길고 격렬해도 이 때문에 결코 정신적으로나 육체적으로 피로해지지 않는다. 영혼의 행복에 참여하는 기관은 전혀 움직이지 않으며 아무리 사소한 육체적 변화도 생기지 않는다". 그토록 강렬한 관능적 향락이 아무런 육체적 변화 없이 일어날 수 있으려면, 상상을 초월한 금욕과 극기의 수련이 필요했을 것이다. 코단벨 선생님의 양심을 추호도 의심할 생각은 없으나, 광신자나 신비주의자가 그런 것처럼, 어쩌면 그 역시 자칫 무의식적 자기기만이라는 함정에 빠져 있었을지도 모른다.

이와는 별개로 1816년, 마리 안주라는 17세 소녀가 보여준 신비로움은 더욱 경이로웠다. 기록자가 전하는 바에 따르면 그녀는 기괴한 필체로 예수와 마리아의 이름을 사인으로 쓰기도 하고, 연거푸 앞날을 예언하거나, 방 안에서 눈에 보이지 않는 하인들의 도움을 받아 옷을 입고 벗었다. 무엇보다 놀라운 일은 그녀가 코단벨처럼 예수와의 입맞춤을 느꼈을 뿐만 아니라, 입맞춤과 동시에 입안으로 달콤한 시럽이 쏟아지는 것을 느끼며 계속해서 엄청난 양의 시럽을 토해냈다는 사실이다. 종당에는 벌어진 입가로부터 계속해서 액체가 줄줄 흘러나오는 형국이었다. 놀라 자빠진 사람들이 이 시럽을 손가락으로 찍어 맛을 봤더니 너무도 달콤하고 감미로운 맛이었다고 한다.

때때로 예수의 입맞춤이 격렬해지면, 소녀는 입에서 예쁜 사탕을 토해냈다. "입맞춤 소리가 귀에 들릴 정도가 되면, 마리 안주는 황홀경에 빠졌다"라고 목격자는 적고 있다. 프랑스의 작은 도시 베지에(Beziers)에 사는 의사는 "입맞춤을 할 때마다 완두콩만 한 사탕이 한 개씩 입안에서 생겨났다. 그녀는 그것을 백 개 가깝게 받았다. 이윽고 입안이 사탕으로 가득해지면 사방에 토해냈다. 온갖 색상의 사탕을 보고 우리가 얼마나 놀랐던지…"라고 기록했다.

이런 식으로 '몽마'의 망집은 19세기에 이르러 세련미가 더해지며 기교적, 위선적이 되었다. 따라서 언뜻 보기엔 그토록 무시무시했던 중세적 암운과 부정적인 느낌을 상실한 것 같기도 하지만, 위스망스 같은 자는 다른 측면에서 해석하고 있다. 꿈속에서 음란한 여자나 남자의 역할을 하는 '몽마'는, 악마나 영적 존재보다는 오히려 죽은 자의 혼령이 깨어난 경우가 많았기 때문이다.

실제로 18세기 중엽, 프랑스 베네딕트파 수도사 오귀스탱 칼메 (Augustin Calmer)가 『유령개론』이라는 두꺼운 책 속에서 흡혈귀를 주제로 다룬 후, 죽은 자의 혼령 환기 문제는 기독교 신학과 악마학 가운데 본격적으로 대두되었다.

이미 《드라큘라》 영화 등을 통해 독자분들도 알고 계시는 것처럼 세르비아, 슬로바키아, 헝가리 등 동유럽 여러 지방에서 예로부터 전해지는 흡혈귀 신앙도 '몽마'의 하나의 변종으로 봐도 무방할 것이다. 흡혈귀를 폴란드에서는 우피르(Upir), 그리스에서는 브르코라크라고 부른다. 독일의 신비주의 학자 요제프 폰 게르레스에 의하면 특히 잔인한 흡혈귀는 세르비아 흡혈귀라고 한다.

세르비아 흡혈귀인 뱀파이어는 한밤중에 무덤에서 뛰쳐나와 사람의 목을 졸라 피를 빨아먹는다. 낮에 무덤을 파보면 흡혈귀의 장밋빛 입술에서 실처럼 길고 가느다랗게 이어진 선혈이 흐르고 있다고 한다. 흡혈귀에게 피가 빨려 죽은 자도 결국 흡혈귀가 되기 때문에, 죽음을 매개로 무시무시한 종족이 점점 번식하게 된다. 죽어도 죽을 수 없는 저주받은 생명체, 바로 이 뱀파이어를 완전히 멸망시키려면 그 심장에 말뚝을 박고 목을 잘라 시체를 태워야 한다. 만약 그렇게 하지 않으면 마을 전체가 죽음의 저주에 온통 사로잡혀 종당에는 가축과 동물에게까지 누가 미친다.

『유령개론』의 제1장은 '유행성 집단 히스테리'라는 제목인데 여기서 저자 오귀스탱 칼메는 흡혈귀 현상에 대한 과학적 분석을 시도

했다. 그에 따르면 묘지 토양의 화학 작용을 거쳐 시체가 썩지 않고 영원히 보존될 수 있다고 한다. 토양 속에 포함된 질소나 유황이 열에 의해 응고된 피를 다시 액체로 바꾼다. 아울러 뱀파이어가 죽기 직전 발하는 비명 소리는 불로 태울 때 열의 압력으로 뱀파이어의 목 안에 머물러 있던 공기가 밀려 나오면서 생기는 것이라고 한다. 가끔은 이른바 '너무 이른 매장'이 흡혈귀 현상의 비밀을 푸는 열쇠가 된다고도 설명하고 있다.

어쨌든 위스망스의 설명에 의하면, '몽마'에 사로잡힌 사람들은 두 종류로 분류된다. 하나는 자신의 기질 혹은 정신적, 생리적 숙명으로 말미암아 적극적으로 직접 악마의 영향을 받은 자들이다. 이런 사람은 결국 무시무시한 육체적 메커니즘에 기력을 소진해 쇠약해지거나 횡사, 자살로 자멸한다. 또 하나의 그룹은 악마적 개인 혹은 집단의 저주를 받아 타인으로부터 악마의 방문을 강요받은 사람들이다. 종교 사원 등에서 많이 볼 수 있는 예다. 이런 사람들은 근대 학자들 시각으로는 보면 일종의 색정광(색에 미쳐 비정상적인 행동을 하는 사람-역주)으로 보일 뿐이기 때문에 악마를 쫓아내기보다는 정신병원에 수용하는 편이 낫다고 여겨지고 있다.

라바, 인큐버스, 서큐버스 모두 중세 유럽에 널리 퍼진 개념이다. 꿈속에 나타나는 이런 '몽마'는 시대나 지역에 따라 다른 이름으로 불렸다. 그리스의 에피아르테스, 독일의 아르프, 마르 등은 모두 '몽마'를 지칭하는 말이다. 독일은 과연 요술의 본고장답게, 이 외에도 베르겔('교살자'라는 의미), 게슈펜스트('유령'이라는 의미), 나하트코볼트

(수면마), 아우프리겔(덮치는 자), 푈가이스트(괴롭히는 자) 등 다양한 '몽마'가 있다. 러시아의 '몽마'는 키키마라라고 부른다. 북유럽 고대 노르드어(Old Norse)에서는 간단하게 마라라 한다. 불어의 코슈마르(악몽)도 마라(악마)와 코셰(으깨다)라는 두 단어에서 유래한 것이다.

아울러 B. 슈테른의 『터키의 의학·미신·성생활』에는 유고슬라비아 남부에 뷔제시차라는 이름의 서큐버스(여자 '몽마')가 있는데 잠든 사내의 가슴팍에 기어올라 부둥켜안고 질식시키거나 정신착란을 유발한다고 적혀 있다.

16, 17세기에는 많은 의사들이 꿈속에 나타나는 '몽마' 현상을 해명하기 위해 혈안이 되어, 합리적 설명을 할 요량으로 오히려 공허한 이론에 몰두하곤 했다. 그중에서 역시 확연히 이채를 발한 것은 파라켈수스의 이론이었다.

파라켈수스는 인간이 눈에 보이는 지상적인 '물질적 육체', 눈에 보이지 않는 에테르 상태의 '성신적(星辰的) 신체', 인간의 내면적 성령이 발현했다고 할 수 있는 '영적 신체'를 가지고 있는 것에 주목한다. 그리고 '몽마' 역시 요컨대 인간의 상상력, 즉 '성신적' 성질로 만들어진 것임을 인정하며 다음과 같이 설명하고 있다.

"상상력은 성신적(星辰的) 신체에서 생긴다. 육체적 관계에서는 실현되지 않는 행위다. 따라서 상대가 없는 이런 고독한 사랑은 가스(gas) 상태의 정액 같은 것을 생산할 소지가 있다. 이런 심령적 정액에서 여자를 압박하는 인큐버스와 남자를 유혹하는 서큐버스가 탄생한다."(『불가시(不可視) 질병에 대해』)

요컨대 오나니즘(Onanism) 때문에 '몽마'가 생긴다고 설명하며 그
것들은 실체가 없는, 상상력에 의한 환영뿐이라고 강조하고 있다.
당시로서는 매우 수준 높은 설이었다고 평가할 수 있다. 근대 정신
분석이 '몽마' 현상을 히스테리성 환각으로 간주하고 있는 점과도
원리적으로 일치한다. 예를 들어 고야(Francisco de Goya)나 보스(Hier-
onymus Bosch), 포(Edgar Allan Poe), 로트레아몽(Comte de Lautréamont)
의 탁월한 상상력에 의한 예술 작품도 인간의 연약함이나 추함에서
기인한 '몽마'들의 장난으로 촉발되고 고무되었다는 사실은 굳이 새
삼 언급할 필요조차 없을 것이다. 따라서 여기에 오나니즘적 예술
과 악마 간의 깊은 관련성도 엿볼 수 있다고 할 수 있다(참고로 라틴어
'cubo'는 '자다'라는 의미이며 인큐버스[남성 '몽마']는 '위에서 자는 자', 서큐버스[여
성 '몽마']는 '아래서 자는 자'라는 뜻이다).

고대 카르타의 비밀

<그림 20> 연금술 우의화.
미하엘 마이에르(Michael Maier)의 저서에서 발췌

지금 내 앞에 78장의 기묘한 카드가 놓여 있다. 현란한 색상에 유치한 느낌마저 드는 그림카드다. 언뜻 보기엔 평범한 카드 같지만 천만의 말씀, 이 카드로 말할 것 같으면, 몇천 년 전부터 집시 여인이나 마법사들이 애용했고, 세계 각지에 복제되어 오늘날까지 전해져 온 신비한 카드다. 숙련된 마술 대가는 이 카드를 온갖 형태로 늘어놓고 인간의 운명, 과거와 미래를 점쳤다고 한다.

이런 신비한 카드를 프랑스에서는 타로(Tarot) 카드라고 부른다. 아울러 독일에서는 타로크(Tarock), 이탈리아에서는 타로키(Tarocchi)라 부른다. 오컬티즘 작가로 유명한 존 딕슨 카(John Dickson Carr)의 『소드 8(The Eight of Swords)』이라는 작품에 타로 카드가 등장해 작품 전체에 기이하고 신비로운 분위기를 자아내고 있다. 괴기 소설에 밝은 독자분들은 아마 알고 계실 것이다. 『소드 8(The Eight of Swords)』은 걸작이라 말하기는 어렵지만, 타로 카드를 소도구로 삼아 핵심적 이야기를 전개하고 있다는 점은 주목할 가치가 있다. 그 밖에도 데니스 휘틀리(Dennis Wheatley)의 『데빌 라이드 아웃(The Devil Rides Out)』에도 타로를 다루는 괴기스러운 분위기의 노파가 등장한다.

이전에도 이런 타로 카드를 구경한 적이 있다. 가장 보편적인 형태의 이탈리아 타로키였는데, 서양화가인 고 우치다 이와오(内田巖) 씨 집안에서 대대로 전해 내려온 귀한 것이었다. 외국 항로를 다니던 선원한테 받았다고 한다. 우치다 씨의 따님인 미치코(路子) 씨는 "드릴 순 없어요. 잠깐 빌려드리는 거예요"라고 다짐을 받은 후 웃으면서 내 손에 건네주었는데…, 지금은 반납해버린 것을 후회하고 있다.

한편 많은 학자들의 논증에 따르면 타로의 기원은 아득한 고대까지 거슬러 올라간다. 18세기 대학자 앙투안 쿠르 드제블랭(Antoine Court de Gébelin)은 "만약 고대 이집트의 서적이 파괴되지 않고 현대까지 남아 있다는 사실이 알려지면, 온 세상 사람들이 이 경이롭고 소중한 작품에 대해 알고 싶어서 안달이 날 것이다"(『원시세계』 제8권)라고 했는데, 이것이 바로 타로 기원을 고대에서 찾았던 최초의 의견이었다. 카드 형식이라 한 장씩 분리되어 따로따로 존재하지만, 타로야말로 고대에 나왔던 서적이라는 주장이었다. 드제블랭에 의하면 타로는 일종의 상형문자였다. 수수께끼를 연상시키는 의문의 우의화로 위장한 덕분에 가까스로 훼손을 면할 수 있었던 세계 최고의 비전서라는 것이다.

드제블랭이 활동했던 시대에는 이집트 학문이 지금처럼 발달하지는 못했다. 따라서 이집트 문명을 이해하기 위해서는 플루타르코스(Plutarchus), 헤로도토스(Herodotos), 이암블리코스(Iamblichus) 같은 그리스·라틴 작가들의 작품에 의지할 수밖에 없었다. 하는 수 없이 드제블랭은 과감한 억측을 시도해 이집트 설화에 등장하는 『토트의 서(Book of Thoth)』야말로 타로의 기원임에 틀림없다고 단정했다.

드제블랭의 탁월한 의견은 세계 여러 나라의 학자들에게 큰 충격을 주었고, 이집트에 대한 관심을 급격히 고조시켰다. '토트'는 따오기 머리를 지닌 이집트 신이었는데 동시에 달의 신, 언어와 문자의 발명자, 오시리스(Osiris)의 서기(書記)로도 알려져 있다. 12궁의 기호와 연금술을 발명한 것도 토트였다. 그리스인은 그를 하늘의 사자 헤르메스(Hermes)와 동일시하며 헤르메스 트리스메기스투스(Hermes Trismegestus, 세 곱절 위대한 헤르메스)라고 불렀다. 요컨대 이집트 신화의 토트와 그리스 신화의 헤르메스가 뒤섞여 '토트 헤르메스'라는 이름을 가진 연금술의 원조 이미지가 완성되었다. 따라서 앞서 소개한 『토트의 서』는 이런 전설적인 인물이 남긴 악마의 오의서(奧義書)를 의미했다.

　그러나 헤르메스 트리스메기스투스라는 신화적 인물이 정말로 실존했을까? 이 의문을 좀 더 면밀히 파헤치기 위해, 타로에 대한 설명은 잠시 미루고 아득한 고대 이집트 세계로 되돌아가 이에 대해 탐색해보자.

　기원전 2900년경부터 이집트인들은 누비아(Nubia) 지방에서 금광을 발견했다. 그리고 당시로서는 경이로운 기술로 귀금속 정련을 한 것으로 보인다. 이렇게 판단할 만한 근거도 있다. 단, 정련 기법은 각고의 노력과 연구 끝에 성직자나 학자들에 의해 개발된 것이어서 작업의 비밀은 쉽사리 누설되지 않았다. 한편 이집트의 화학 실험에는 주술 의식이 반드시 동반되었다는 사실이 밝혀졌다. 이런 점들을 종합해보면 아무래도 연금술이나 비전서의 기원은 이집트에서 찾고 싶어진다.

　예를 들어 4세기 알렉산드리아의 역사가 조시모(Zosimus)는 "이집트 왕국의 부는 모조리 이런 금속채굴법에 의해 유지되고 있었는데, 성직자만이 이것을 좌지우지할 수 있었다"라고 설명하고 있다.

비전서의 존재를 넌지시 암시하고 있는 표현으로 보인다.

알렉산드리아 시대, 좀 더 정확히 말하면 3세기 내지 4세기 때 기록된 연금술 관련 자료는 거의 모두 필사본 형태로 보존되어 있어서 미심쩍은 점이 적지 않다. 예를 들면 유명한 '클레오파트라의 제금법' 등도 10세기경의 필사본으로 남아 있을 뿐이다. 그러나 다양한 문헌들이 신비 속에 감춰진 고대의 비밀을 조금씩 밝혀주고 있다. 예를 들어 라이든 파피루스(Leyden papyrus)나 스톡홀름 파피루스(Stockholm Papyrus)처럼 테베(Thebes)의 마술사 무덤에서 발견된 '그레코(Greco) 이집트 고문서'들은 4세기까지 거슬러 올라가는 자료들이다. 그리고 앞서 인용한 조시모나 올림피오드로스(Olympi-odoros), 시네시우스, 스테파누스 등 알렉산드리아 학자들의 이론서도 원본 그대로 남아 있다.

연금술의 원조라고 알려진 헤르메스 트리스메기스투스는 정확하게는 그리스 신이 아니라 이집트에 있는 그리스 식민지(알렉산드리아)의 신이었다.

이집트에 있는 그리스인들은 과거 파라오 시대부터 면면히 이어지던 오래된 종교를 존중했지만, 그와 동시에 쇠퇴해가던 나일강 주변 국가의 종교를 자신들의 것으로 받아들이면서, 그 종교에 약간 손을 써서 그리스풍 상징으로 승화시켰다.

알렉산드리아 식민지에는 실로 잡다한 민족이 살고 있었는데 그리스인은 지적인 면에서 가장 세련된 민족이었다. 이집트 종교와 그리스 철학이 뒤섞이면서 그들은 자신들의 취향에 맞는 하나의 원리를 이끌어내려고 했다. 물론 그 안에서는 유대교의 종교적 전통인 카발라, 동방 여러 민족들의 종교인 조로아스터교나 미트라교 등도 혼연일체가 되어 있었다. 이리하여 그리스인은 문자와 언어 발명자, 마술의 신인 헤르메스와 토트를 동일시하면서 '토트 헤르메스'라고 불리는 전설적 신을 창조해냈다. 이것이 바로 헤르메스 트리스메기스투스였으며, 그 저술서는 약간 미심쩍은 것까지 포함해 실로 몇만 권이나 되는지 이루 다 헤아릴 수 없을 정도다. 이암블리코스는 2만 권이라고 말하고 있다.

물론 이런 책들은 몇 세기에 걸쳐 수많은 연금술사와 마술사에 의해 헤르메스라는 이름으로 기록된 작자 미상의 저술서이다. 후대 연금술사들은 이것을 헤르메스 트리스메기스투스라는 한 사람의 작품이라고 믿어버렸다. 그도 그럴 것이 책 내용이 난해한 상징으로 가득해서, 일반인들은 도저히 그 신비한 내용에 다가갈 수 없었기 때문이다.

현재 남아 있는 헤르메스 트리스메기스투스의 책은 그리스어로 된 14편의 짧은 텍스트와 기독교 신학자들이 보존한 몇 개의 단편 뿐이다. 그중에서 가장 유명한 것은 15세기 이탈리아 철학자 마르실리오 피치노(Marsilio Ficino)가 번역한 『콜퍼스 헤리메티쿰』 혹은 『피만드로(착한 목자)』라는 작품이다. 이것은 부분적으로 '요한복음'과 흡사하고 한편으로는 플라톤의 『티마이오스(Timaeos)』와도 비슷하다.

헤르메스 작품에서 자주 인용되는 또 다른 글이 있다. 신비주의자의 신조를 연상시키는 '타블라 스마라그디나(Tabula Smaragdina)', 즉 '에메랄드 태블릿'이라 불리는 작품이다. 이것은 어두운 무덤 속에서 헤르메스 미라가 쥐고 있었다는 에메랄드 판에 새겨진 글이었다. 전설에 의하면 이 무덤은 이집트 기자에 있는 대형 피라미드 안에 있었다. 그리고 그의 제자들만 몇천 년 동안 이 지하 예배당에 자유롭게 출입하며 자연과 신들의 힘을 통제하는 주술을 배웠다고 한다.

'에메랄드 태블릿'은 12개 조의 간결하면서도 함축적이고 상징적인 문장으로 되어 있다. 예를 들면 "위에서 그러하듯 아래에서도 그러하다"라는 글은 후세 연금술사의 금언이 되었다. "태양은 유일한 존재인 아버지시며 달은 그 어머니다. 바람은 이것을 배 안에 품고 있다. 땅은 그 유모다"라는 표현 역시 연금술 원리를 상징하고 있다. 17세기 장미십자단원이었던 미하엘 마이에르(Michael Maier)의 저서 『스쿠르티니움 키미쿰』에 흥미로운 우의화가 남아 있다.

그러나 현재는 헤르메스 트리스메기스투스가 실존인물은 아닌 것으로 보고 있다. 기자의 피라미드 내부도 샅샅이 조사했지만 에메랄드 태블릿 따윈 전혀 나오지 않았다. 하지만 신기한 일이다. 전설이 모두 사실은 아니었지만 그렇다고 크게 빗나가지도 않았다. 앞서 언급했듯이 이집트 테베에 있던 어느 무명 마술사의 무덤에서 1828년에 라이든 파피루스라고 일컬어지는 일련의 문서가 발견되었기 때문이다. 이 파피루스에는 지금까지 발견된 그 어느 것보다 오래된 '에메랄드 태블릿' 카피가 포함되어 있었다. 이 무명의 마술사야말로 헤르메스 트리스메기스투스가 아니었을지….

여기서 다시 타로에 관한 이야기로 돌아가자. 앞서 언급한 대로, 18세기 학자 드제블랭에 의해 타로 발명자라고 지목된 토트 헤르메스는 전설에 의하면 문자의 신, 마술의 신이었으며 심지어 회화적 기법의 신이기도 했다. 그래서 온갖 신의 초상을 그리는 능력이 탁월했다. 토트 헤르메스의 신비한 초상화를 망라해놓은 책을 『아 로시』라고 불렀다. '아'는 교리를 의미하고, '로시'는 시작을 의미한다. 이렇게 써보면 'A-Rosh'가 'Taroch'로 변했다는 사실은 쉽사리 이해될 것이다. 드제블랭에 의하면 타로의 'Tar'는 '길'을 의미하고, 'Rog'는 '왕'을 의미한다. 즉 타로는 '왕도'라는 의미다.

드제블랭의 주장은 애매모호한 가설 위에 서 있지만, 이것이 근세 이집트학 발전의 도화선이 되었다. 즉 1799년 나폴레옹 이집트 원정군이 나일강 어귀에 있는 로제타에서 검은 현무암 비석을 발견해 상형문자 해독의 실마리를 제공했다. 이른바 '로제타 스톤(Rosetta Stone)'의 발견이다. 비석은 고대 이집트왕 프톨레마이오스(Ptolemaeos) 5세를 위해 세워진 것으로, 상형문자와 데모틱(demotic script, 민용문자), 그리스어 등 세 가지 필기 방식으로 왕의 공덕을 찬양하는 글이 새겨져 있었다. 이것을 고고학자 장 프랑수아 샹폴리옹(Jean-François Champollion)이 해독해 수천 년간 비밀에 싸여 있던 고대 이집트 문명에 처음으로 한 줄기 빛을 비출 수 있었다는 것은 너무나 유명한 사건이다.

이후 드제블랭의 뒤를 이어 많은 학자들이 타로의 이집트 기원설을 주장했다. 그중에는 에틸라라는 필명으로 논문을 쓴 이발사 알리에트(Alliete)나 유명한 신비주의자 스타니슬라스 드콰이타(Stanis-las de Guaita)의 비서로 일했던 오스왈드 위르트(Oswald Wirth), 카발라에 대한 독자적 견해를 가지고 연구를 시작한 파푸스(Papus, 본명 제라르 앙코스[Gerard Encausse]-역주), 『고등마술의 교리 및 의식』의 마지막 장에서 타로의 카발라적 해석을 시도한 엘리파스 레비 같은 쟁쟁한 전문가가 있었다. 아울러 20세기에 들어와 타로의 새로운 해석을 보강한 인물은 『지식 및 유희를 위한 예언카드』(1911)라는 책을 쓴 존 킹 반 렌셀러 부인(Mrs. John King Van Rensselaer)이었다.

렌셀러 부인의 설명에 의하면 타로는 이집트, 그리스, 바빌로니아 등 여러 지방에서 공통적으로 내려오던 오래된 점성술에서 파생된 것이라고 한다. 이집트의 오래된 사원에는 사방 벽에 오늘날 타로 그림카드에서 볼 수 있는 기묘한 초상화가 그려져 있다. 사제가 제단 위에 여러 막대를 세워놓는데, 막대가 쓰러지면서 벽의 그림을 가리킨다. 그러면 막대가 가리킨 그림을 바탕으로 사제가 과거와 미래를 판단해주거나 신들의 명령을 듣고 전달하기도 한다. 그런 관습이 있었다.

종교가 박해받던 시절, 사제들은 사원을 버리고 유랑길에 오를 때 잊지 않고 사원의 벽화를 작은 카드 형태로 만들어 은밀히 지니고 다녔다. 사제들은 이집트에서 유명한 '밀밭길'을 거쳐 이탈리아로 도망쳤다. '밀밭길'이란 알렉산드리아와 나폴리 근처의 베이예(Bay-et)를 잇는, 당시에는 중요한 교통로였다. 동유럽 각지에 흩어져 있던 집시 일족은 이런 이집트 도망자들의 후손이다. 그런 연유로 그

<그림 21> 타로 카드 I

들 중 타로 명인이 있었다고 해도 전혀 신기한 일이 아니라고 렌셀러 부인은 말하고 있다.

장황하게 역사적 기원에 관한 설명을 했는데, 이쯤에서 타로의 의미와 사용법을 간단히 설명하면 다음과 같다.

78장의 카드 중 0부터 21까지 번호가 달린 메이저 카드가 22장 있다. 이런 카드들에는 반드시 인간의 모습이 그려져 있기 때문에 '인형'이라고도 부른다. 인형 카드는 각각 인간의 욕망, 공포, 지혜, 활

<그림 22> 타로 카드 II

동, 선의, 악의 등을 나타내며 전 세계를 압축하고 있다. 18번째인 '달'이라는 카드에는 인간 대신 두 마리의 개가 그려져 있는데, 이 개들은 16세기의 점성학자를 모욕적으로 나타내고 있다. 달을 보고 짖는 개는 인간의 캐리커처이므로, 이 역시 '인형'의 일종이라고 할 수 있다.

이런 시각에서 보면 타로 그림카드는 비잔틴 사원의 스테인드글라스나 벽화에 그려진 이콘(icon, 동방 그리스도교 전통에서 벽화 등에 신성

<그림 23> 타로 카드 III

한 인물이나 사건 등을 그린 그림-역주)을 연상시킨다. 인간의 모습을 통해
성스러운 관념을 표현한 것을 도상학(iconography) 또는 초상학이라
고 한다. 타로와 초상학의 다른 점은 후자가 성스러운 관념을 나타
내는 반면, 전자는 현세적 관념을 나타낸다는 사실이다. 비잔틴 사
원이 인간과 성스러운 존재의 관계라고 한다면, 타로는 인간과 지
상의 관계라고 할 수 있다.

하지만 양자가 동일한 효능을 가지고 있다는 사실에는 변함이 없다. 그것은 과연 무엇일까? 바로 '기억법'이다.

중세 사람들은 글로 쓰면 몇 권이나 나올 분량의 복잡한 관념을 겨우 그림 몇 장의 조합만으로 쉽사리 이해했다. 대학자가 아닌 무학의 문맹자라도 그림으로 제시되면 간단하게 이해할 수 있다. 이것이 바로 중세의 기억술이라는 것이다. 참으로 탁월한 방법이라 할 수 있다. 예를 들면 마법사 라몬 륄(Ramon Llull)이 『아르스 메모리아(Ars Memoriae)』라는 기묘한 책을 썼는데, 이것 역시 같은 목적을 위해 쓴 것이다. 그는 성서 속에 나오는 다양한 주제를 그림으로 표현했다. 요한, 루가(누가), 마르코(마가) 등 복음서 작자를 각각 독수리, 황소, 사자 등으로 나타낸 다음, 그 위에 성서 속의 여러 장면을 세밀화(miniature)처럼 그려 넣었다. 당연히 세밀화에도 갖가지 상징이나 우의적인 표현이 다수 포함되어 있다. 이것을 통해 글을 읽지 못하는 문맹자도 이미지의 도움으로 성서의 내용을 기억 속에 각인시킬 수 있었던 것이다.

교육이 발달한 오늘날의 시각에서 보면 이런 방법은 어린애나 넘어갈 뻔한 눈속임처럼 느껴질 수 있다. 그러나 일부 계층의 사람들만 읽고 쓸 수 있었던 시대에 그림을 통한 기억법은 결코 무시할 수 없었다. 따라서 타로 카드 역시 색채나 형태, 부속물 등 무수한 전통적 상징에 의해 구성된, 기억술의 일대 체계였던 것이다.

그렇다면 대체 무엇을 위한 기억술일까. 그토록 철저히 감춰져 있는 상징의 의미는 애당초 무엇이었을까. 여기서 우리의 추리는 갑자기 벽에 부딪힌다. 『아르스 메모리아』라면 성서 속의 예수의 자취라고 할 수 있는, 누가 봐도 확실한 대상물이 있다. 하지만 타로는?

적어도 타로의 상징이 고정된 하나의 교의를 나타내고 있지 않다는 사실은 분명하다. 카드 그림은 하나같이 단순하고 틀에 박힌 선으로 묘사되고 있는데, 각각 끊임없는 운동을 암시하고 있다. 결국 타로는 우리의 정신을 뭔가 활기찬 운동으로 유도하려는 목적을 가진 것으로 보인다. 그 어떤 것에도 사로잡히지 않는 정신, 관습과 고정관념에 의해 평소에는 내면 깊숙이 잠들어 있는 마술적인 심적 능력을 생생하게 각성시키는 것이 목적인 것 같다.

따라서 타로에 설령 이것을 풀 열쇠가 없다 하더라도 딱히 이상할 것은 없다. 타로를 사용하는 사람이 각기 독자적인 해석을 이끌어내면 되기 때문이다. 이런 식으로 말하면 너무 애매모호하고 무책임한 설명 같지만, 애당초 마술이라는 것이 그러하다. 어떤 종류의 주문이든 결코 일정한 이론에 의해 모조리 합리적으로 설명되지는 않는다. 오히려 마술을 사용하는 인간이 항상 핵심이라고 할 수 있다. 그리고 설명되지 않는 부분이 비전으로 마술사들 사이에서 비밀리에 계승되는 비밀스러운 공준(公準, 이론 전개의 근본적 전제-역주)이라고 할 수 있다.

그런 의미에서 타로도 점성학처럼 미래의 일이나 사람의 성격을 예언하는 것이 목적이라고는 하지만, 결국 점성학처럼 과학적인 면은 전혀 갖춰져 있지 않다. 타로사의 말에 의하면 미래는 수학적으로 풀 수 있는 것이 아니라고 한다. 점성학자는 계산과 추상적 사고로 우주 질서를 발견하려고 노력하지만, 그런 노력은 결국 달을 향해 짖는 개처럼 헛수고라는 것이다. 앞서 설명한 18번째 핵심 카드가 점성학자의 이런 망상을 풍자적으로 표현하고 있다.

요컨대 타로사는 어디까지나 지상적, 민중적인 신앙에 기반을 두고 있다. 즉 연금술사나 점성학자가 자신의 고독한 몽상이나 기술 완성에 오로지 매진할 때, 타로사는 민중의 친구가 되어 민중에게 닥쳐오는 현실적인 행운이나 불운에 대해 진정 어린 상담자가 되어 준다.

22장의 메이저 카드가 아닌 56장의 카드는 마이너 카드라고 부른다. 일반적인 트럼프처럼 네 가지 색으로 나뉘어 있다. 곤봉, 검, 금화, 성배 등 4조로 나뉘어 있으며 각각 1에서 10까지 번호가 붙어 있고 그 위에 킹, 퀸, 나이트, 잭이 있다. 4조의 색 구별은 중세 계급사회를 나타낸 것이며 곤봉은 백성, 검은 귀족, 금화는 상인, 성배는 성직자 계급을 상징한다. 근대의 트럼프가 4개 조로 나뉘는 것은 마이너 카드의 변형이다.

한편 22장의 메이저 카드는 마이너 카드와는 독립적이며 각각 다음과 같은 명칭과 의미를 지닌다.

   1. 마술사 — 질문자, 신, 권위, 담판(밀당)

   2. 여교황 — 학문, 신비, 명상, 평화

   3. 여제 — 결단력, 행동, 사랑, 가정

4. 황제 — 의지, 섭리, 이성, 지배

5. 교황 — 영감, 지도, 사제, 변호인

6. 연인 — 정열, 자유, 결합, 일치

7. 전차 — 승리, 지성, 독립

8. 재판의 여신 — 정의, 책임, 공평

9. 은자 — 지혜, 신중, 비밀 전수

10. 운명의 차 — 운명, 시간, 은총, 행운

11. 여자 역사 — 힘, 일, 용기, 인내

12. 사형수 — 희생, 시련, 규율, 복종

13. 사신(死神) — 죽음, 부활, 영속, 인간성

14. 절제 — 검약, 중용, 순결, 평정

15. 악마 — 병, 폭력, 충동, 난폭

16. 낙뢰탑 — 파멸, 실망, 벌, 굴욕

17. 별 — 희망, 천체의 감응, 웅변

18. 달 — 위험, 적, 배신, 거짓 친구

19. 태양 — 결혼, 행복, 발견, 하늘의 계시

20. 심판 — 연금술, 변화, 각성, 경이

21. 세계 — 성공, 조화, 만족, 완전

☆. 광대 — 광기, 영감, 신뢰, 열광

나아가 마이너 카드 한 장 한 장에도 제법 구체적인 의미가 포함
되어 있는데 너무 지엽적이기 되기 때문에 설명을 생략하겠다.

메이저 카드만으로 점칠 수 있는 타로점을 일례로 들어보자.

먼저 점을 치는 사람(타로사)이 22장의 메이저 카드를 잘 뒤섞어 점을 보는 자에게 0부터 22까지의 수를 임의로 고르게 한다. 예를 들면 점을 보는 자가 17이라고 말하면, 타로사는 위에서 17번째 카드를 뽑아 뒤집어 보여준다. 이것이 제1카드, 플러스의 의미다. 다음으로 카드를 다시 뒤섞어 아까처럼 또 다른 카드를 뽑는다. 이것이 제2카드, 마이너스의 의미다. 이렇게 다섯 장의 카드를 뽑고 나서 다음과 같이 배열한다.

제1카드부터 제5카드까지의 연속 패를 잘 음미하면서 타로사는 최후의 결정(종합 판단)을 내린다.

이것이 가장 간단한 방법이다. 어려운 타로점의 경우, 메이저 카드와 마이너 카드를 전부 뒤섞어 일정한 형태로 나란히 배열하면서 과거, 현재, 미래를 거시적으로 조망하며 판단하는 방법도 있다. 너무 복잡해서 여기서는 도저히 모든 것들을 설명할 수 없다. 만약 꼭 알고 싶은 분이 계시면 다른 자리를 만들어 가르쳐드리기로 하겠다.

사바트
(사바스, 밤의 향연)

<그림 24> 울리히 몰리토르(Ulrich Molitor) 서적에서 발췌

그레고리오 성가의 작자로 유명한 교황 그레고리오 1세는 『대화록』에 재미있는 에피소드를 남겼다. 어느 젊은 수녀가 악마를 삼켰다는 이야기였다.

어느 날 수도원 마당에서 양상추를 따먹고 있는데 배 속으로 악마가 들어간 느낌이 들었다. 세상에, 이를 어쩌면 좋단 말인가! 수도원 전체가 발칵 뒤집어졌다. 당장 악마를 끌어내는 의식이 거행되었다. 마술사가 엄숙한 표정으로 젊은 수녀의 배 안으로 들어간 악마를 향해 "당장 나오너라! 누가 그런 곳에 기어들어가더냐!"라고 타일렀다. 그러자 악마는 "누군 좋아서 들어간 줄 알아? 내가 모처럼 기분 좋게 잎사귀 위에서 낮잠을 자고 있는데, 이 아가씨가 나를 따서 삼켜버린 거잖아!"라며 자못 불쾌한 내색을 보였다. 결국 악마가 쫓겨나면서 일이 마무리되었다는 이야기였다.

6세기 말경의 참으로 한가롭고 천진난만한 이야기다. 그러나 바로 이것이, 수백 년 후 유럽 각 마을과 수도원에 역병처럼 번졌던, 그토록 무시무시한 요술신앙의 아득한 전조라는 것을 위대한 교황 그레고리오 1세조차 미처 예상하지 못했다. 당시에는 아직 악마의 힘이란 것이 결코 대단한 것이 아니었기 때문이다.

하지만 13세기도 중엽에 접어들자, 독일에서 요술을 연구했다는 교황 그레고리오 9세가 이단인 알비파 박멸을 목표로 종교재판소를 설립했고 배교자, 이단자, 요술사를 처벌하기 위해 가혹하기 그지없는 화형대를 마련하기에 이르렀다. 물론 이 종교재판(인퀴지션[Inquisition])이 오로지 요술 박해에 대대적으로 활용된 것은 16, 17세기의 일이었지만, 어쨌든 중세 1,000년 동안 악마의 세력은 어마어마하게 확대되었다. 그야말로 들불처럼 번져가는 양상이었다고 할 수 있다. 그레고리오 9세의 대칙서에는 요술사들의 사바트 모습이 매우 상세히 설명되고 있었다.

애당초 사바트란 무엇이었을까? 도대체 어떤 연유로 그토록 엄격히 금지되었던 것일까?

달빛이 환한 밤, 인기척 없는 시골길에 삼삼오오 무리를 지어 서둘러 집회 장소로 발길을 옮기는 남녀가 보인다. 남녀노소를 막론하고 마치 눈에 보이지 않는 뭔가에 이끌리듯 잠자코 발길만 서두른다. 이윽고 한적한 사거리 광장에 다다르자, 수상한 심야 집회의 사제가 기다리고 있다. 여자들은 양초를 달아둔 긴 장대나 빗자루를 들고 있다. 집회장에 오면 빗자루를 양다리 사이에 끼우고 춤추는 대열에 합류한다. 원을 그리며 춤추는 대열에서 그녀들은 빗자루 위에 올라타 깡충거리기도 하고 환호성을 지르기도 한다. 어두운 곳에 웅크리고 있던 여자 요술사 무리가 기괴한 소리를 내며 그녀들에게 호응한다. 난데없는 심야의 괴성과 야만스러운 음악이 바람을 타고 백성들의 집에 이르면, 신앙심 깊은 사람들은 서둘러 문을 잠그며 성호를 긋는다. 집회 장소로는 말라 죽어가는 커다란 고목이나 이정표가 있는 부근, 혹은 처형장 부근이 선택되었다.

결론적으로 보면 사바트는 고대부터 민간에 전승된 그로테스크한 욕망의 해방구였다. 그리고 이런 이교 의식을 불길한 것으로 간주한 것은 앞서 언급한 바와 같이 로마교회가 이단이나 요술을 위험한 것으로 인식한 이후의 일이었다. 모든 악은 중세와 더불어 시작되었다.

11세기 역사가 존 마무스베리는 로마 거리에서 두 노파가 인간을 말로 바꾼 후 마시장에 내다팔았다는 기괴한 이야기를 적어두고 있다. 철학자 존 솔즈베리는 요술사들이 주재하는 사바트에 악마가 염소나 고양이 모습으로 등장했다는 이야기를 하고 있다. 악마학과 귀신론이 성행했던 13세기에는 도미니크파 수도사 뱅상 드보베(Vin-cent de Beauvais)가 빗자루를 타고 밤의 향연으로 날아가는 여자 요술사에 대해 보고하고 있다.

여자 요술사가 하늘을 나는 이야기는 18세기까지 통설로 인정되었다. 이탈리아 귀신론자 마리아 갓시우스(Francesco Maria Guaz-zo[Guaccius])의 『콘펜디움 말레피카룸(Compendium Maleficarum, 마녀사냥에 관한 일종의 매뉴얼-역주)』이라는 책에는 날개 달린 염소 위에 걸터앉아 하늘을 나는 여자 요술사의 삽화가 등장한다. 유명한 콘스탄츠시의 법률고문 울리히 몰리토르(Ulrich Molitor)가 흡혈마녀 라미아에 대해 논했던 『요괴 혹은 마녀에 대해』(1486)라는 책에는 유치한 목판 삽화가 수록되어 있다. 각각 당나귀, 독수리, 송아지 머리를 한 세 명의 요술사가 갈퀴 위에 걸터앉아 하늘을 나는 모습을 그린 삽화다(그림 24 참조). 당시 사람들은 요술사가 동물로 둔갑할 수 있다고 믿고 있었다. 고대 바쿠스(Bacchus) 축제에서 그랬던 것처럼 온갖 동물의 가면을 쓰는 일도 있었다.

사바트 집회의 목적은 무엇이었을까. 거기서는 어떤 음란한 의식

<그림 25> 고전적 사바트

이 행해졌을까. 정확하게 가늠하기 어려운 문제다. 왜냐하면 우리
가 긁어모을 수 있는 자료라고 해봐야 대부분 요술사에 대한 종교
재판에서 나온 고백에 의거한 것이고, 그 고백 역시 고문을 통해 억
지로 끄집어낸 자백이 대부분이기 때문이다. 오히려 요술사 측의
혼란스러운 몽상과 재판관 측의 울적한 망상, 즉 이렇게 억압된 양
쪽의 리비도(libido)가 합체되어 고백을 하염없이 확대재생산한 경향
이 없지 않다. 종교재판의 재판관 중에는 음험한 사디스트나 미치
광이에 가까운 미신가가 많았기 때문이다.

사바트 재판 기록은 각 지방에 따라 달랐다. 그러나 요술사가 하
늘을 날아가고자 출발하기 전 벽난로 앞에서 벌거벗은 채 온몸에
향유를 바른다는 이야기는 모든 악마학자가 인정하고 있다. 향유는
일종의 마취제였고, 동시에 벨라돈나풀(가지과의 독초) 같은 흥분제도
종종 복용했다.

요술사들의 약물 사용은 결코 중세 때부터 시작되지는 않았다.

로마 쇠퇴기의 통속작가 아풀레이우스(Apuleius)의 소설 『황금 당나귀』에는 다음과 같은 묘사가 보인다. "판피레는 입고 있던 옷을 모조리 벗어던지고 어느 바구니에 든 작은 상자를 꺼내 그 안에 들어 있던 고유(膏油, 등잔불에 쓰는 기름-역주)를 한 움큼 쥐어 꺼낸 후 한동안 손으로 비비더니 이윽고 머리에서 발끝까지 온몸에 그것을 마구 발랐습니다. 이어서 촛대를 향해 뭔가 중얼거린 뒤, 손발을 가늘게 떠는 것이었습니다. 그러자 몸이 천천히 흔들리면서 몸에서 부드러운 털이 나오기 시작하더니 튼실한 양 날개까지 생겨났습니다. 판피레는 이제 부엉이로 변해 있었습니다."(구레 시게이치[吳茂一] 씨의 번역). 탁월한 묘사다. 아풀레이우스는 세계에서 가장 오래된 원조 마술 소설가라고 불릴 자격이 있다.

주로 수요일과 금요일 밤, 사바트 시간이 가까워지면 초조해진 요술사들은 안절부절못하기 시작한다. 인기척 없는 창고나 부엌 같은 곳에 숨어들어가(굴뚝이 있는 방이라면 어디든 좋다), 계속 주문을 외우면서 향유를 온몸에 바른다. 그러다 문득, 갑자기 몸이 붕 떠오르는 느낌이 든다. 일설에 의하면, 이것은 향유의 독성이 척추를 자극하기 때문이라고 한다. 어쨌든 남녀 불문하고 일종의 인공적 실신 상태에 빠져버리기 때문에, 널리 알려진 밤의 향연도 결국 이런 섬망(환각, 환청 등으로 기억력이 현저히 떨어지는 의식 장애 상태-역주) 상태가 만들어 낸 꿈에 불과하다는 논리도 결코 억지는 아니다. 근대의 한 귀신론자는 영매 등의 신비한 힘에 의한 공중부양 현상을 근거로 이런 요술사들의 공중비행을 애써 설명하려고 했다.

빗자루에 걸터앉아 하늘을 날 때 중요한 주의사항이 하나 있다. 절대로 팔이나 다리를 꼬지 말아야 한다. 팔다리를 십자로 꼬면 예수를 상징하게 되어 악마의 심기를 건드리게 될 것이 뻔했다.

그런데 요술사들이 날아가는 곳은 어디일까. 일반적으로 사바트는 반드시 고대 폐허에서 거행되었다고 한다. 예를 들면 태고의 거석군이 위치한 브르타뉴(Bretagne) 지방의 평원, 사람을 제물로 바쳤던 드루이드교(Druid) 제단석이 남아 있는 초원, 메르큐르 신전이 우뚝 솟은 산의 정상, 켈트의 신 테우타테스(Teutates)와 셈족의 재앙신 몰렉(Molech)을 모신 사원이 있던 황폐한 땅 등이다. 그중에서도 가장 유명한 것은 돌멘(dolmen, 고인돌) 잔해가 있는 독일 하르츠(Harz)산맥의 부로켄(Brocken)봉이다. 괴테의 『파우스트』 제1부 '발푸르기스의 밤(Walpurgis Night)'에서의 그 해괴한 도깨비불 정경을 떠올려보자. 고대의 이런 유적들이 사바트의 무대로 이용되었다는 사실은, 요컨대 이교적 신앙이 중세, 근세에까지 살아남아 요술이라는 형태로 부활했다는 명백한 증거라고 할 수 있다.

따라서 사바트를 주재하는 악마 레오나르도는 마치 이교신 프리아포스(Priapus)나 바쿠스(Bacchus)의 재래를 연상시키는 거대한 남근의 소유자였고, 판(Pan) 신을 연상시키는 염소 머리의 소유자였으며, 혹은 어떤 요술사가 재판관 피에르 드랑크르(Pierre de Lancre, 16세기의 악명 높은 마녀사냥 처형인-역주)에게 진술한 내용에 의하면 "야누스(Janus)를 연상시키는 두 얼굴의 소유자"이기도 했다.

기독교 지배가 확고해지면서 중세에 살아남은 고대 풍습은 모조리 악마적인 것으로 간주되었다. 드루이드교의 하지제, 켈트족 사이에 전해지는 5월 1일 수목제, 바쿠스제, 다이아나제, 샘을 수호하는 '어머니들'의 신앙도 모조리 요술사의 사바트가 되어버렸다. 여자 요술사가 사용하는 빗자루는 원래 신성한 여성성의 상징으로 단순히 성적 의미만을 포함했는데, 결국 악마의 도구가 되어버렸다. 고대의 성적 의식은 모두 대지의 풍요로움을 칭송하는 자연숭배적 성격이었는데, 중세 사바트는 금지된 육욕의 발작적 분출로 간주되었다.

이런 상황을 고려해보면, 사바트에 참가한 사람들은 중세의 계급 사회나 교회 질서에 반기를 들고, 소유권이나 섹스의 자유를 주장한 아나키스트들이었다고도 할 수 있다. 물론 그들 중 대다수가 사회적, 성적 욕구불만에 시달리던 무지한 서민 여성들이었을 것이다. 그러나 간혹 지도자 역할을 했던 인물을, 이를테면 민중 봉기의 주모자 격으로 간주하는 것이 전혀 근거 없는 추측이라고 할 수도 없다. 마스크로 얼굴을 감추고 사바트에 참가한 귀족이나 상류층 부인들도 많았다. 어쩌면 비트족(제2차 세계대전 이후 미국에 나타난 자발적 부랑자 무리-역주)과 비슷한 부류였을지도 모른다. 스코틀랜드 베릭셔(Berwickshire)에서 사바트를 주재하던 존 파이언 같은 사람은 유명한 반교권주의 성향의 귀족 보스웰 백작(Earl of Bothwell)의 심복이었다. 보스웰 백작 본인도 훗날 요술사 혐의로 고발당했다.

일반적으로 라틴 정통파 4대 악마학자라고 불리는 사람에 요한 바이어(Johann Weyer), 장 보댕(Jean Bodin), 마틴 델 리오(Martn[Martino] Del Rio), 피에르 드랑크르(Pierre de Lancre)가 있다. 이 네 명은 이단이 아니라 로마 가톨릭 정통의 입장에서 당시 마법사들조차 도저히 넘볼 수 없는 연구를 해낸 사람들로 일컬어지고 있다. 그중에서 『타락천사와 마신변용도(Tableau de l'inconstance des mauvais anges et démons)』(1613)를 집필한 피에르 드랑크르야말로 탁월한 집필력을 발휘한 대학자이자, 당시 가장 준엄했던 요술재판 판사로 부임지 바욘(Bayonne, 프랑스 남서부의 도시-역주) 지방을 공포의 도가니로 밀어넣은 장본인이었다. 자신이 맡았던 직무를 바탕으로 앞서 소개한 저서 외에 『저주의 무신앙(L'incredulité et mescréance du sortilège)』(1622)이라는 책도 써서, 사바트에서 요술사들이 어떻게 행동했는지를 다각도로 분석하고 있다. 그는 용의자들의 자백을 끌어내기 위해 잔인한 고문도 서슴지 않았다.

표면적으로는 어디까지나 법률에 충실한 재판관의 체면을 지키고 있었지만, 기실은 여자 요술사들이 말해주는 사바트 이야기에 현혹되어 완전히 혼이 나갔던 것 같다. 여자 요술사들도 그것을 알아차리고, 악마 이야기에 정신이 팔린 이 재판관을 만족시키기 위해 있는 사실, 없는 사실을 과장해 보냈다. 물론 그렇다고 형을 면해주지는 않겠지만 조금이라도 형 집행을 연기해주었으면 좋겠다고 생각하기 마련이다. 그러나 피에르 드랑크르는 사바트에 참가한 것만으로도 화형에 처해질 큰 죄로 간주했다.

이리하여 그의 『타락천사와 마신변용도』에는 사바트 집회의 온갖 의식을 한눈에 조망할 수 있는 매우 흥미로운 목판화가 수록되

<그림 26> 피에르 드랑크르(Pierre de Lancre)의 서적에서 발췌. 지아른코(Ziarunko) 그림

어 있다(그림 26 참조). 중앙에는 커다란 가마솥이 부글부글 끓고 두건을 두른 노파는 풀무질을 하고 있다. 가마솥에서는 역겨운 수증기가 치솟고 있으며 수증기 속에서 마녀와 악귀, 그로테스크한 곤충 따위가 날아다니고 있다. 오른쪽에는 연회석이 마련되어 다양한 사회 계급의 여자들이 악마와 나란히 자리에 앉아 있다. 접시 위에 담긴 요리는 놀랍게도 갓난아이 통구이다. 왼쪽에서는 아이들이 막대기를 가지고 연못의 두꺼비를 지키고 있다. 두꺼비는 최음제의 원료로 쓰였을 뿐만 아니라 사바트에서 중요한 역할을 담당했다.

피에르 드랑크르의 책에는 말티바르살레나 부인이라는 여자 요술사가 네 마리의 두꺼비들과 함께 춤을 추었다는 이야기가 나온다. 한 마리는 검은 벨벳 옷을 입고 다리에 방울을 매달고 있었다.

다른 세 마리는 알몸이었다. 그녀는 옷을 입고 있는 두꺼비를 왼쪽 어깨에, 다른 한 마리를 오른쪽 어깨에, 나머지 두 마리는 새처럼 양손에 올려놓고 사바트에 출석했다고 한다. 그야말로 그림(Grimm) 동화의 세계다.

두꺼비에서 추출한 최음제는 초록색 액체였다. 농축된 이 액체가 옷에 묻기만 해도 즉사해버릴 정도로 위험한 약이었다. 요술사들은 제자들이 어렸을 때부터 이 약의 조제법을 가르쳐준다. 액체는 연고나 가루약으로 만들어 보존할 수 있다. '라 리밧소'라는 여자 요술사가 밝힌 바에 의하면, 최음제는 "가죽을 벗긴 고양이, 두꺼비, 도마뱀, 독사를 섞어 잘 달궈진 숯불 위에서 장시간 열을 가해" 만든다고 한다.

피에르 드랑크르의 목판화에는 뿔이 네 개나 달린 염소가 괴물 같은 악마의 자태로 왕좌에 앉아 있는 모습이 보인다. 이것이 바로 사바트를 주재하는 주군 레오나르도다. 주군의 양옆에는 사바트의 여왕과 왕녀가 앉아 있다. 나비 날개가 달린 악마와 여자 요술사가 벌거벗은 아이의 양팔을 잡고 왕좌 앞에 있다. 사바트의 중심이라 할 수 있는 레오나르도는 원래 어떤 악마일까. 쥘 부아는 다음과 같이 상세히 설명하고 있다.

"그것은 앞뒤에 각각 두 개의 뿔이 달린 거대한 염소다. 앞에 나있는 뿔은 여자 가발처럼 곤두서 있다. 간혹 히브리 글자 모양을 한 세 개의 뿔만 달린 것도 있다. 가운데 뿔에서는 빛이 난다. 촛불이 켜져 있기 때문이다. 이 뿔 위에 두건이나 모자가 씌워져 있다. 아도니스(Adonis)를 회화화한 것으로 보인다. 알몸이 된 그는 여자 같은 가슴을 하고 있고 온몸의 털은 마치 갈기처럼 길다. 그러나 그가 부끄러워하는 기색 없이 고스란히 노출시키고 있는 것은 유별나게 긴 기관, 징그러운 남성의 심벌이다. 그것은 뱀처럼 구불구불 비틀어져 있고, 심지어 비늘로 뒤덮인 상태에서 고슴도치처럼 가시투성이다. 나무 같기도 하고 각질 같기도 하며 붉게 달궈진 무쇠 같기도 하다. 휘황찬란한 황금 의자에 앉아 있는 그는 웃으며 죄인들의 합창을 기다리고 있다. 죄인들은 그의 음탕한 마음을 만족시켜줄 것이다. 그의 꼬리에 입맞춤 세례, 군침 세례를 하며 고마워할 것이다."(『악마주의와 마술』 1896)

드랑크르가 묘사한 사바트의 정경도 이에 못지않게 엄청나기 그지없다. 그 일부를 인용해보겠다.

"벌거벗은 여자들이 머리카락이 흐트러진 채 등장한다. 저속한 춤, 열정적 연회, 악마적 성교, 혐오스러운 수간, 그리고 파렴치하게도 신을 모독하고 음험한 복수에 여념이 없다. 있을 수 있는 온갖 무시무시하고 소름 끼치고 자연에 반하는 욕망을 야만스럽게 탐낸다. 두꺼비, 살무사, 도마뱀을 가까이 두고 즐기며 물고기란 물고기는 모조리 귀여워한다. 역한 냄새가 나는 숫염소에 완전히 넘어가 연인처럼 숫염소를 애무하더니, 결국엔 참으로 기가 찰 노릇이지만, 그 숫염소와 다정하게 몸을 섞는다."

사바트에 참석한 요술사들은 곧잘 자신의 아이를 악마 앞으로 데려오곤 했다. 아이는 구워서 잡아먹히지 않는 한, 악마의 손에 의해

<그림 27> 바람 피우는 여자와 악마

두 번째 세례를 받는다. 아이나 어른이나 처음 사바트에 참석한 자
는 이 세례를 받을 의무가 있다.

악마의 세례는 어떤 방식으로 이루어질까. 우선 기독교 신앙과
신에게 한 서약을 파기해야 한다. 처녀 마리아를 '적모녀(赤毛女)'라
고 부르며 경멸하고, 십자가와 성자의 상을 발로 짓밟아야 한다.

그리고 "이제 두 번 다시 첫 신앙으로 되돌아가지 않겠습니다. 교
회의 성서는 버리겠습니다. 저는 당신만을 사랑하고, 당신만을 믿
습니다"라고 악마에게 맹세한다.

악마는 이에 답한다. "좋아. 그렇다면 그 대신 네가 이 세상에서
아직 한 번도 느껴보지 못한 무한한 쾌락을 약속해주지."

악마는 사인을 대신해 신참사의 이마 위를 손톱으로 긁는다. 이

렇게 계약이 성립되면 세례를 한다. 세례에서는 구정물을 사용한다. 그리고 악마는 그들에게 새로운 이름을 지어준다. 예를 들면 로베레 디 쿠네오라는 이탈리아인은 '바르비카프라(염소 수염)'라는 이름을 하사받았다고 한다.

악마는 계약의 증표로 신참자의 옷이나 몸에 지니고 있던 것의 일부, 혹은 아이를 요구한다. 여기서 다시 한번 신참자는 지면에 그려진 서클 안으로 들어가 복종을 맹세해야 한다. 마리아 갓시우스에 의하면 이 서클은 지구를 상징한다. 신참자는 서클 안에서 "오오, 사탄이여"라고 부르고, "당신의 검은 책, 죽음의 책에 제 이름을 써 넣어주소서. 당신을 위해 희생할 것을 약속하나이다. 매달 저는 갓난아이 한 명을 죽여 그 피를 마시겠나이다. 과거의 죄를 속죄하기 위해 매년 한 번씩 당신께서 좋아하시는 검은 빛깔의 희생물을 산 채로 바치겠나이다…"라고 말한다.

그러면 악마는 또다시 날카로운 손톱으로 사인 흔적을 남긴다. 남자라면 어깨나 눈꺼풀, 입술이나 겨드랑이 아래나 엉덩이에, 여자라면 유방이나 기타 은밀한 부분에 손톱으로 서명한다. 특히 변심이 우려되는 자에게는 마치 도망칠 염려가 있는 노예에게 미리 낙인을 찍듯 깊은 상처를 낸다.

이렇게 악마에 귀의한 요술사는 기독교 교회의 단호한 적이 되어 일단은 다음과 같은 계율을 지켜야 한다. 십자가, 성수, 소금, 성스러운 빵, 그 밖에 축성을 받은 일체의 것들은 사용 금지다. 소금에는 악마를 쫓는 힘이 있다고 여겨졌기 때문에 사바트 요리에는 보통

소금기가 거의 없다.

어느덧 시간이 흘러 수탉이 소리 높이 울면 사바트는 끝이 난다. 마법서에 의하면, 수탉의 울음소리는 사자조차 움츠리게 만들 정도로 힘을 지녔다고 한다. 수탉의 첫 울음소리와 동시에 환영이 순식간에 감쪽같이 사라진다. 이교적 세계의 멸망, "위대한 신 편의 죽음(플루타르코스)"은 이처럼 늘 되풀이되는 모양이다. 여태껏 거대한 숫염소로 보였던 것은 자세히 살펴보니 커다랗고 새까만 나무에 지나지 않았다. 털투성이의 팔도 없을뿐더러 끝이 갈라진 발굽도 없었다. 당연히 뿔이 달린 머리도 없다. 여기저기 남근 모양으로 튀어나온 것도 눈을 비비고 다시 보면 마디가 울퉁불퉁 튀어나온 마른 가지의 환영에 지나지 않았다.

여자 요술사들은 추위에 덜덜 떨면서 자신들의 허름한 오두막으로 돌아가 옹색한 침대 이불 속으로 기어들어간다. 육체적으로 기력이 엄청나게 떨어진 탓에 누가 업어가도 모를 정도로 깊은 잠에 빠진다. 그리고 새벽녘에 날이 조금씩 밝아오기 시작하면 벨라돈나의 마취에서 깨어나면서 기괴한 모양으로 뒤틀려 있던 신체가 겨우 정상으로 돌아오기 시작한다. 눈을 뜨면 평소와 똑같은 생활이 다시 시작된다.

그러나 설령 환영이 사라져도 그녀들은 실망하지 않을 것이다. 오히려 한 번 본 괴이한 꿈은 온갖 나날들의 빈곤과 고통을 퇴색시킬 정도로, 점점 강렬해지는 기대감으로 그녀들의 삶을 이끌어갈 것이다. 거대한 숫염소의 환영은 더욱 강렬한 추앙의 내상이 될 것이다.

그리고 결국 그런 생활의 막다른 종착역이 설령 고문의 고통이었
다고 해도, 화형대에서의 죽음이었다고 해도, 폭동의 봉기였다고
해도, 그것은 결코 악마의 책임은 아니었던 모양이다.

흑미사의 심오한 의미

<그림 28> 양성신 바포메트(Baphomet).
엘리파스 레비(Eliphas Levi)의 책에서 발췌

앞장에서 언급했듯이 중세의 밤의 향연 사바트는 고대의 바쿠스제나 프리아포스제가 부활한 양상을 보이며 주로 시골 야외에서 행해졌는데, 근대에 와서는 오히려 도시의 교회 안으로 침투해 '흑미사'라는 이름으로 불리게 되었다. 가난한 민중의 개방적인 축제 분위기가 시대가 내려옴에 따라 차츰 비밀스럽고 음습하고 밀실 범죄적 형태로 바뀌어갔다고 할 수 있다. 이리하여 근대 흑미사는 민중과는 거리가 먼, 퇴폐적인 귀족 전유물이 되었다.

다시 말해 기독교의 권위가 점차 각 계층으로 퍼져감에 따라 악마가 민중을 불러 악마 자신의 축제를 할 여지가 없어졌고, 결국 교회 내부로 숨어 들어가게 되었다는 이야기다. 따라서 흑미사란 악마가 기독교의 권위를 빌려 교회라는 무기를 역이용하여 신성한 미사를 더럽힘으로써 가까스로 자신의 힘을 납득시키려고 획책한, 고뇌에 찬 반항 형식이었다. 따라서 흑미사를 집행하는 사제는 악마와 거래하는 기독교 파계 성직자였다. 기독교 측에서 보자면 악마는 배은망덕한 배신자가 된 형국이었다.

흑미사의 기원은 일반적으로 기독교 이단 알비파에서 나왔다고 전해진다. 알비파는 12세기 말경 교황 그레고리오 9세(Gregorio IX)의 명령으로 몰살된 기독교 이단 분파를 가리킨다. 그러나 이 알비파가 실제로 악마 예배에 얼마나 빠져 있었는가에 대해 확실한 물증은 없다. 엘리파스 레비에 따르면 알비파는 선악이원론을 믿는 조로아스터교의 퇴폐적 형태라고 한다. 그러나 이 일파는 일명 순결파라고 불릴 정도로 매우 엄격한 계율을 가진 금욕적인 집단이기도

<그림 29> 귀부르크 사제의 흑미사

했다. 아울러 그리스도의 육화와 십자가의 상징을 인정하지 않는 그노시스적인 템플기사단도, 예로부터 양성신 바포메트를 숭배하며 흑미사적인 비밀의식을 행하고 있었다고 여겨졌다.

역사상 최초의 흑미사의 예로는 우선 15세기의 괴물 질 드레(Gilles de Rais) 남작의 피비린내 나는 유아 살해를 먼저 거론하지 않을 수 없다. 하지만 여기서는 엘리파스 레비가 남긴 기록을 바탕으로 16세기 프랑스 여걸 카트린 드메디시스(Catherine de Medicis)와 그녀의 아들 샤를 9세(Charles IX)의 그로테스크한 악마 예배 정황을 살펴보기로 하겠다.

한때 샤를 9세는 무척이나 병약했다. 어떤 의사도 그 병의 원인을 밝힐 수 없었기 때문에 그저 죽는 날만 기다리고 있던 상태였다. 왕의 어머니인 카트린 드메디시스는 먼저 점성학자와 의논한 후 지푸라기라도 잡는 심정으로 그 저주스러운 마술에 도움을 청했다. 왕의 병세는 날이 갈수록 나빠져 이미 절망적이었다. 마술의 점괘는 '피투성이 얼굴'로 나왔다. 그렇다면 이 지옥의 의식이 어떤 식으로 거행되었는지 살펴보자. 우선 신원이 확실하고 준수한 외모를 갖춘 아이를 하나 택한 후, 궁정 사제에게 최초의 성체 배수(영성체)를 준비시켰다. 희생의 밤이 다가오자 흑마술 비밀의례에 정통한 도미니크파 파계 성직자가 밤 12시에 병자의 방으로 들어와, 당시엔 악마 미사라 불렸던 의식을 집행하기 시작했다. 그 자리를 함께한 사람은 카트린 드메디시스와 그녀의 심복뿐이었다.

미사는 악마의 초상 앞에서 거행되었다. 내동댕이친 십자가를 발로 짓밟고 있던 요술사가 검은색과 흰색의 성체(빵)를 각각 하나씩 바쳤다. 하얀 빵은 아이 입안으로 집어넣는데 아이는 성체 배수가 끝나자 바로 제단 위에서 목이 잘렸다. 몸에서 잘려나간 목은 숨이 아직 붙어 있어 움찔거리고 있는 동안엔 커다란 검은 성체 위에 놓여졌다가, 이윽고 괴이한 램프가 타고 있는 탁자 위에 안치되었다. 이윽고 악령을 쫓는 구마 의식이 시작되고, 악마는 아이의 입을 빌려 예언을 해야 한다. 왕이 머뭇거리며 질문했지만 그 목소리가 너무 작아 아무도 알아들을 수 없었다. 그러자 도저히 인간의 목소리라고 여겨지지 않는 가냘프고 기묘한 소리가 희생된 아이의 작은 목에서 들려왔다. 그것은 라틴어로 'Vim patior'(견디고 있노라)라는 말이었다. 이 말을 들은 순간 왕은 드디어 지옥으로부터도 버림받았다는 사실을 깨달았다. 온몸에 공포의 전율이 흐르며 당장이라도 팔이 경직될 것만 같았다. 병자는 쉰 목소리로 "저 목을 당장 멀리 내다버려, 가까이 다가오지 마!"라고 외치고, 마지막 숨을 거둘 때까지 아무 말도 하지 못했다. 주위에 있던 사람들은 왕이 얼마 전 살해한 콜리니 장군의 망령이 씐 것이 틀림없다고 믿었지만, 사실 왕의 마음을 위협했던 것은 후회 같은 말랑말랑한 감정이 아니라, 생전에 미리 엿본 지옥에 대한 공포와 절망이었다(『고등마술의 의식』에서 발췌).

참고로 콜리니 장군, 즉 가스파르 2세 드콜리니(Gaspard II de Coligny)는 샤를 9세가 어머니 카트린 드메디시스와 함께 신교도(위그노, 프로테스탄트-역주)를 말살시키려는 음모를 꾸몄던 역사상 손꼽히는 학살 사건, 즉 성 바르톨로메오 축일의 학살(Massacre of Saint Bartholomew's Day)의 희생자 중 한 사람이었다.

17세기에 이르자 흑미사는 그 유명한 태양왕 루이 14세의 궁정에도 은밀히 침투해 권력에 대한 야심에 불타올랐던 귀족이나 파계 성직자 사이에서 크게 유행했다. 그중에서도 특히 유명한 요술사는 궁정 안에서 연이어 일어난 독살 사건 전체를 쥐락펴락했던 저주받은 영혼의 소유자, 바로 그 무시무시한 71세의 사팔뜨기 노인 에티엔 귀부르크(Étienne Guibourg)였다. 악마 같은 이 사제의 집에서 열린 불길한 집회에는 루이 14세의 애첩 몽테스팡 후작 부인(marquise de Montespan)까지 얼굴을 내비쳤으며, 심지어 그녀는 흑미사 때 자진

해서 알몸으로 미사의 제단 역할을 했다고 전해진다. 쥘 부아가 남긴 글을 인용해 그 음란한 악마 예배 정황을 살펴보자.

이미 알몸이 된 몽테스팡 부인은 관 위에 까는 검은 천으로 뒤덮인 옹색한 쿠션 위에 거침없이 드러누웠다. 베개로 받히자 젖혀진 머리는 쓰러져 있던 의자에 닿았다. 양다리를 뻗자 복부가 작은 언덕처럼 부풀어 올라 유방보다 더 높아졌다. 검은 가면의 눈구멍에서 반짝거리고 있던 여자의 눈망울이 물끄러미 사제를 응시하면서 "왜 그래요, 귀부르크 씨?"라고 말했다. "겁먹었어요? 취한 건 아니죠? 아니면 당신한테 참회한답시고 쉴 새 없이 들락거리는 여자들이 당신의 정력을 고갈시켜버렸나요?"

그러나 귀부르크는 들은 척도 하지 않고 하얀 사제복에 영대를 걸친 차림새로 사팔눈에서 괴이한 빛을 내비치더니 다음과 같이 말했다. "자, 진정하고 얌전히 계셔요. 정말 오만하기 그지없는 귀부인이시로군! 나는 일흔 살이지만 악마의 요리를 실컷 먹은 덕분에 회춘의 기적을 일으켜 주름투성이의 육체도 팽팽하게 할 수 있지요. 그리스도와 루시퍼가 결합했다고 믿으면 됩니다…."

알몸의 여자는 잠자코 누워 있었다. 쥐 죽은 듯 조용한 오두막에서 들리는 것이라곤 심호흡하는 그녀의 가슴과 복부가 내는 둔탁한 소리뿐이다. 언덕처럼 부풀어 오른 복부 위엔 작은 냅킨이 펼쳐져 있었고, 솟아오른 둥근 유방 사이로 십자가가 미끄러지고 있었다. 성배는 엉덩이 부근에 놓아두었다.

미사가 시작된다. 떨고 있는 '육체 제단'에 사제의 일그러진 입술이 입맞춤을 한다. 축성을 위한 시간이 다가온다. 이때 문이 열리고 몽테스팡 부인의 시녀 드즈이에가 들어왔다. 꿈틀거리는 것을 하나 안고 있었다. 사제가 외친다.

"제물은 이쪽으로! 어서 이리로 가져와!"

묶여 있던 것을 풀자, 입에서 맑은 침이 새어나오는 하얀 육체가 드러났다. 온통 검은색투성이인 어두운 방 안에서 새하얀 살결은 무구한 성체(빵)처럼 눈부시게 빛이 난다. 칼이 사제의 손가락 사이에서 부들부들 떨고 있었다. 이윽고 귀부르크는 작은 아이를 공중에 매달고 속삭이듯 주문을 외운다.

"우리 주 예수 그리스도는 주님 곁으로 갓난아이가 오는 것을 거부하지 않는다고 하신다. 그러니 아가야, 너 역시 주님 곁으로 돌아가거라. 나는 주님의 사제이기에 너는 내 손에 의해 주님 곁으로 돌아갈지어다."

칼을 아래로 휘두르자 갓난아이의 가냘픈 머리가 앞으로 푹 고꾸라지면서, 칼에 베인 상처에서 엄청난 파도가 일렁이듯 핏줄기가 솟구친다. 핏줄기는 거칠게 헐떡이는 살아 있는 '육체 제단', 즉 몽테스팡 부인의 육체나 성배 안으로 떨어진다. 여자가 양손을 좌우로 넓게 벌리자, 숨을 쉬는 몸통과 함께 십자가 모양을 상징하는 모습이 된다. 음란한 십자가였다. 양손에 쥐

고 있던 불타오르는 촛대는 십자가에 박힌 못을 상징한다. 이
윽고 해면동물처럼 피를 짜내 텅텅 비어버린 아이의 사체를 받
아든 시녀 드즈이에가 아이의 복부에서 장기를 빼낸다.

귀부르크 사제는 성배 속 피와 포도주를 잘 섞은 후 "이는 내
살이자 나의 피니라"라고 말하면서 단숨에 들이마신다. 몽테
스팡 부인이 마시자 피가 섞인 살구색 액체가 그녀의 입 주위
나 가슴, 복부에까지 넘쳐흘렀다(『악마주의와 마술』에서 발췌).

인용은 이 정도면 충분하다. 어쨌든 몽테스팡 부인이 귀부르크와
함께 흑미사의 비밀의식을 행한 이유는 태양왕 루이 14세를 둘러싼
여자들끼리의 쟁탈전 때문이었다고 전해진다. 당시 파리에서는 라
부아쟁(La Voisin)이라는 여자 요술사가 위세를 떨쳤는데, 그녀는 독
약이나 최음제에 밝았고 저주로 사람을 죽이는 무시무시한 마술에
도 능수능란했다. 몽테스팡 부인은 이 여자 요술사의 소개로 귀부
르크를 알게 되었다고 한다. 왕의 총애가 다시 자신에게 돌아오길
열망했던 그녀는 연적인 라발리에르(duchesse de La Valliére)의 죽음을
빌어달라고 귀부르크에게 간곡히 부탁했다. 실제로 그녀는 귀부르
크한테서 최음제를 받아 왕의 총애를 되찾았다고 한다.

몽테스팡 부인이 받은 최음제는 월경 때의 피와 손톱 조각, 지하
묘지의 흙이나 썩어 변색된 포도주를 섞어 만든 이른바 '요마(妖魔)
의 반죽'이라는 것이었다. 중세 이래로 마술사가 조제한 독약이나
최음제는 일반적으로 여성의 월경 피나 남성의 정액을 썼다. 이유

는 앞서 말한 기독교 이단 알비파가 생식기에서 나오는 이런 분비물을 불길한 마력을 지닌 부정한 것으로 여겨 기피했기 때문이다. 생식 능력을 바탕으로 한 성행위는 인간을 육체라는 우리 속에 가둬버리기 때문에 알비파는 그것을 불길한 행위로 여겼던 것이다. 이브와 함께 육체적 행위를 완성시킴으로써 천국의 아담은 영원히 물질 속으로 떨어져버렸다. 이리하여 알비파 신도들은 인간을 다시금 영적 존재(아담 카드몬, Adam Kadmon)로 끌어올리기 위해, 스스로 남근을 제거하고 절대적 금욕을 지향했다. 이런 사상이 중세 이후에 인간의 체액을 악마적인 존재로 간주하는 마술신앙에도 끈질기게 남아 있었다고 파악된다.

혹미사의 인육 희생(공양), 특히 어린아이나 처녀를 살해하는 의식 역시 알비파적인 도착적 순결사상과 깊은 관련성을 지닌다. 그것은 순결이나 처녀성에 대한 질투 어린 증오였고, 젊은 희생자의 피는 마신 숭배라는 죄를 속죄하기 위해 선신(善神)에게 바치는 제물이었다. 이 때문에 귀부르크도 아이를 죽이기 전에 예수 그리스도 이름을 입에 올리고 있었다. 앞서 말했듯이 근대 흑마술에서는 선악이원론이 불가분의 관계에 있었기 때문에 조로아스터교의 오르무즈드(Ormuzd)와 아리만(ahriman), 기독교의 루시퍼와 아도나이(Adonai)처럼 선신과 악신의 대립이 존재했다. 흑미사를 올리는 요술사는 말하자면 양자에게 번갈아 추파를 던지는 셈이 된다. 요컨대 신을 모독하는 행위와 순결사상은 한 뿌리에서 갈라져 나온 두 개의 가지에 지나지 않았다. 그 때문에 예컨대 사드, 보들레르, 위스망스처럼 모든 악마주의자나 사디스트의 정신 안에서 그것이 표리일체를 이루고 있다고 해도 전혀 이상할 것이 없었다.

18, 19세기 이후엔 악마 숭배에 열을 올린 사람의 숫자가 현저히 줄었지만, 그럼에도 1847년에 분파교회를 세운 드르베 신부나 1840년경 노르망디 지방에 있는 도시 캉(Caen) 근처에 자선 카르멜회(Carmélites de la charité)를 세운 외젠 반트라스(Eugene Vintras)의 경우를 보면, 교회 역시 그들의 운동을 악마 숭배와 결부시켜 탄압했다는 것을 알 수 있다.

반트라스는 기이한 사내였다. 성모마리아의 처녀 수태를 신봉했고, 7월혁명 이후 루이 17세라고 자칭하며 도당을 모았던 사기꾼 수준의 시계수리공 나운도르프(Naundorff)를 공공연히 지지하기도 했으며, 수많은 증인들 앞에서 온갖 기적을 행하기도 했다. 그가 기도를 바치면 그의 몸에서 그윽한 향기가 풍기며 땅 위로 가볍게 떠올랐다고 한다. 텅 빈 성배에 손을 대면 눈 깜짝할 사이에 포도주가 채워졌고, 제단에 올라갈 때면 그가 발을 디딘 곳에서 피로 적힌 문자나 심장 형태가 서서히 드러나는 성체(빵)가 나타나기도 했다. 의사가 이를 분석한 결과, 틀림없는 인간의 피였다고 한다. 이런 기적을 기록한 문서나 흑미사에 관한 소송 기록은 반트라스 문고로 보존되었고, 위스망스가 소설 『저 아래로(Là-Bas)』를 쓸 때 이것이 이용되었다고 전해진다.

1875년 8월, 반트라스는 벨기에의 수도 브뤼셀로 가서 후에 그의 후계자라 자칭한 조제프 앙투안 블란(Joseph-Antoine Boullan) 사제와 교분을 맺었는데, 블란은 이때 반트라스에게 부탁해 기적의 성체 하나를 받았다고 한다.

반트라스가 기초를 다진 리옹 카르멜회의 흑미사 모습을 쥘 부아는 다음과 같이 묘사하고 있다.

악마의 교회 벽에는 살인이나 모독, 쓸데없는 사랑을 찬미하는 기괴한 벽화로 가득 채워져 있다. 제단 위의 조각상은 추한 악마와 호색적인 이교의 여신을 합체시켰다고 느껴지는, 보기에도 흉하고 신경에도 거슬리는 그로테스크한 형상이다. 제단 주위에는 신체 불구자들의 침묵 행렬과 남근상이나 여음상, 백치 같은 천사의 무리, 꼽추 순교자, 내장이 튀어나온 사제, 거무튀튀한 가죽자루처럼 쪼그라들어 늘어진 유방을 한 아스타르테(Astarte, 고대 셈족의 풍요와 생식의 여신[대모신]-역주) 여신, 코끼리처럼 풍만하고 요염한 얼굴을 한 아폴로, 십자가 모양을 한 검은 남근상에 못 박힌 당나귀 귀를 가진 추한 그리스도 등의 그림이 그려져 있다.

70명은 족히 되는 여자들이 김이 모락모락 나는 향로를 앞에 두고 앉아 있다. 향로 안에 있는 것들은 사리풀, 투구꽃, 벨라돈나, 운향풀, 노간주나무 열매 따위로, 임신부의 유산을 촉진하는 무서운 독초다. 농후한 연기 속에서 마왕 사탄을 비롯해 베엘제붑, 아스타로트, 아스모데우스(Asmodeus), 벨리알(Belial), 몰록(Moloch, 에브라이어로는 Molek), 벨베고르(Belphegor) 따위의 악마 일가친척들이 모조리 나타나, 이미 광란의 징후를 보이기 시작한 신자들의 환각이나 환영을 부추긴다.

제단으로 올라가는 사제는 알몸 상태다. 그리고 제단 위에는 인간의 얼굴을 한 염소 한 마리가 있다. 자물쇠가 채워진 상자를 열고, 사제는 성체인 빵을 꺼내 염소에게 바친다. 그러면 염소가 사제를 향해 "자, 비천한 자여, 옷을 입어라!"라고 소리친다. 염소는 인간이 위장한 것이다.

사제가 입은 미사용 옷에는 수수께끼를 연상시키는 상형문자와 외설적 그림 따위가 사방에 그려져 있고, 끈적거리는 정액으로 더럽혀져 있다. 사제가 성서를 웅얼대며 읽는 동안 염소는 제단 위에 선 채 자못 기쁜 듯 몸을 비틀면서 역한 냄새를 풍긴다. 그러나 막상 사제가 빵과 포도주를 축성할 차례가 되면 황급히 제단에서 뛰어내려가 연기 속으로 자취를 감춘다. 언어가 형태를 갖춘 순간 방사되는 힘에는 위대한 효력이 있기 때문에, 혹여 악마가 이 순간 머뭇거리고 있다간 이내 산산조각이 나버릴 것이다.

그러나 그리스도가 빵과 포도주 안에 갇히게 되고, 사제가 빵을 가리켜 "이는 내 살이니라"라고 말하는 순간, 염소는 재빨리 다시 나타나 추한 얼굴을 사제에게 들이밀고 빨간 혀를 날름거리며 "하~ 하~" 하고 역한 숨을 토해낸다. 그러면서 "자, 비천한 자여, 성체 빵을 이리 내놔!"라고 명한다. 사제가 머뭇거리며 성체 빵을 내밀면, 염소는 날카롭고 긴 손톱 사이로 그

<그림 30> 반트라스의 흑미사

것을 받아 쿵쿵거리며 냄새를 맡거나 몸에다 문지르거나 침을 뱉어 더럽히거나 똥과 오줌을 묻히기도 한다. 종당에는 흥겹게 춤을 추면서, "이제야 잡았네, 이 짐승 같은 놈!" 하고 고함을 지른다. "어리석은 인류애 때문에 결국 이런 반죽덩이 안에 들어가버렸구나. 다 자업자득! 꼴좋다. 놔줄 것 같으냐? 네 사제가 너를 팔았다. 너의 희생은 너를 높이기는커녕 타락시킨 거다. 온 인류를 구한다느니 하면서 지옥보다 더 심한 고통을 인류에게 준 자, 그게 바로 너이니라."

이렇게 말하더니 염소는 더럽혀진 성체 빵을 높이 치켜들며 신자들을 향해, "너희들 모두에게 나누어주겠다"라고 말하고는 던져버린다. 순식간에 신자들의 떨리는 손에서 향로가 떨어지고 자욱한 연기 속에서 사람들은 성체 빵을 차지하려 서로를 밀쳐가며 몸싸움을 한다. 서로 입을 맞추거나 물어뜯기도 한다. 손톱으로 상대방을 긁을 때마다 고통과 쾌락의 신음 소리가 새어 나온다. 옷은 갈기갈기 찢어지고 그야말로 교회당 안은 음란한 육체의 아수라장으로 돌변했다 (『악마주의와 마술』에서 발췌).

반트라스에 의하면, 흑미사란 악을 대표하는 염소가 선을 상징하는 어린 양을 상대로 행한 위대한 희생이자 권력을 사악함 측으로 가져가려는 시도라고 한다. 그리스도가 죽임을 당한 것은 사악한 권력 때문이기 때문에 이런 사고방식은 이른바 그리스도의 희생을

<그림 31> 희생신 몰록(Moloch)

재현하려는 시도라고도 할 수 있다. 종교적 제사를 위해서건 주술을 위해서건, 모든 시대에 걸쳐 모든 민족 사이에 이런 흑미사에 비견할 수 있는 의례적 살인이 행해져왔다. 이는 굳이 반트라스의 해석을 인용할 것도 없이, 역사적 사실이 이미 증명해주고 있는 바이다. 단지 그것이 근대에 이르러서는 민중을 모아 공공연하게 행할 수 없게 되었기에, 어쩔 수 없이 밀실 범죄적이고 음습한 형태로 변했을 뿐이다.

예를 들면 마신에게 아이를 바치는 의식은 고대 페니키아의 바알(Baal)신이나 셈족의 몰록(Moloch)신, 그리스 디오니소스 제사 의식 등에서 종종 자연스럽게 행해졌고, 고대 게르만의 드루이드교도나 멕시코 아즈텍족, 유카탄반도의 마야족 등 태양신을 숭배하는 농경 민족들도 역시 남녀의 인신 공양물을 자신들의 신에게 바치곤 했다. 인도의 '삭그'라 불리는 특이한 종교적, 범죄적 비밀결사는 잔인한 파괴의 마신 칼리를 위해 공공연한 살인 행위에 빠져 있었고 그것은 근대에 들어와 영국 정부로부터 추방당할 때까지 이어져왔다.

　일반적으로 의례적 살인의 동기는 크게 둘로 나뉘는 모양이다. 즉, 악령을 소환하는 주문을 위해 범하는 살인과, 마신 예배와 직접적으로 결부된 살인으로 나뉜다.

　성서 「레위기」에는 "육체의 생명은 피에 있음이라, 내가 이 피를 너희에게 주어 단에 뿌려 너희의 생명을 위하여 속하게 하였나니, 생명이 피에 있으므로 피가 죄를 속하느니라…(「레위기」 17장 11절-역주)"라고 적혀 있는데, 아마도 이 무렵부터 인간의 피로 생명의 중심을 이루는 원리가 생겼을 것이다. 「레위기」는 일종의 흑미사 금지를 위한 고대의 법전이다. 인간의 피를 훔치면 살아 있는 육체의 영혼도 동시에 포로로 삼을 수 있다는 금지된 신앙이 분명 존재했던 것이다. 그리고 바로 그 이유 때문에 고대부터 오늘날까지 악마를 불러내고자 그토록 잔인한 살인을, 흑미사를 통해 비밀리에, 그리고 빈번히 저질렀던 것으로 보인다.

자연마법의 향연

<그림 32> 인간을 말로 둔갑시키는 램프

자연계의 식물이나 암석에 깃들어 있는 신비한 힘을 발견하는 학문을 '자연마법'이라 한다. 예컨대 프레이저(Sir James George Frazer)의 『황금가지(The Golden Bough)』를 통해 엿볼 수 있듯이, 자연마법은 원시종교인 토테미즘이나 주물(呪物) 숭배와도 관련이 있고 고대 민족 사이에서도 광범위하게 그 존재를 인정할 수 있다. 여기서는 특히 자연마법의 독특한 체계를 완성시킨 고대의 몇몇 저명한 마법사들에 대해 살펴보기로 하겠다.

13세기 스콜라 철학의 실력자 알베르투스 마그누스(Albertus Magnus, 1193~1280)는 도미니크 수도회의 학자로, 달리 비견할 자가 없는 당대의 대표적 석학이었다. 만유박사(Doctor Universalis)라는 칭호까지 받았을 정도였다. 그는 과학적 태도를 바탕으로 온갖 실험과 관찰을 했다. 예를 들면 예로부터 타조는 불을 먹는 새라고 일컬어져 왔는데, 직접 타조를 세밀히 관찰한 그는 "그럴 리 없다. 거짓이다. 타조는 돌을 먹긴 하지만 불은 절대로 먹지 않는다"라며 실로 명쾌히 논란을 매듭지었다. 그런데 이토록 실험을 중시했던 합리주의적 학자가, 그와 동시에 마법의 기적을 굳게 믿고 있었다는 사실을 과연 어떻게 받아들여야 할까. 신기하다면 참으로 신기한 이야기였다.

단, 알베르투스가 믿었던 것은 사악한 힘에 의한 마술, 즉 후대의 흑마술이 아니라 어디까지나 자연의 선한 힘에 의한 기적, 이른바 '자연마법'이었다.

12세기 이후 유럽과 동양은 스페인을 통해 접촉하고 있었고, 아리스토텔레스와 헤르메티카 문학(연금술)에 관한 아라비아 문헌도 속속 입수되었다. 알베르투스도 이런 이교 사상에 강렬한 영향을 받아 경험과 힘에 의한 자연마법을 믿었던 모양이다. 원래 식물이나 보석에 최음제의 원료나 병을 고치는 힘, 예언 능력, 그 밖에 온갖 기적을 불러일으키는 효력이 존재한다고 인정한 것은 말기 알렉산드리아의 헤르메스 학자들이었다. 대표적인 인물이 아리스토텔레스나 플리니우스(Gaius Plinius Secundus)의 설을 받아들인 아라비아인 코스타 벤 루카(Costa ben Luca)였다. 물론 알베르투스는 중세 기독교 교회의 질서 속에서 성장한 사람이었기 때문에 차마 고대 이교의 마법을 노골적으로 찬양하지는 않았지만, 그가 확신을 가지고 많은 저서에서 기술한 것은 고대 칼데아인(Chaldea)이나 이집트인, 페르시아인들이 실행했던 마술과 별반 다를 바 없는 신비학의 원리였다.

17세기에 유럽 시골 지역 곳곳에 널리 유포되면서 요술사들이 탐독했다고 전해지는 『대(大) 알베르투스』나 『소(小) 알베르투스』라는 작자 미상의 마법서는 실존인물 알베르투스 마그누스와 아무런 관련이 없다. 그러나 어쨌든 후대의 미심쩍은 마법서에도 이런 타이틀이 붙은 것을 보면, 마술사로서의 그의 명성이 얼마나 대단하였는지를 엿볼 수 있다.

알베르투스에 관한 불가사의한 전설은 다양하다. 한때 그는 쾰른 수도원으로 네덜란드 공작 빌헬름 2세를 초대한 적이 있었다. 때마침 한겨울이어서 눈이 흩날리고 있었는데, 그는 사원 마당에 테이블을 늘어놓고 굳이 밖에서 식사를 하려고 했다. 공작 일행이 도착했을 때는 테이블 위로 눈이 가득 쌓여 있었다. 그런데 사람들이 마당으로 나와 막상 의자에 앉으려고 하자, 갑자기 눈이 감쪽같이 사라지고 마당에 있던 나무에 꽃들이 피면서 마치 봄이 온 듯 새들이 지저귀기 시작했다. 네덜란드 귀족들은 너무도 놀란 나머지 대학자를 더욱 존경하게 되었다고 한다.

두 번째 전설은 알베르투스가 자동인형을 제작했다는 이야기다. 사람과 똑같은 모습을 한 자동인형은 신체 각 부분이 특수한 별의 기운을 받아 자동적으로 움직일 수 있었으며 인간의 말을 할 수도 있었다. 자동인형은 알베르투스의 하인으로 열심히 일했는데 문제는 엄청난 수다쟁이였다는 사실이었다. 결국 자동인형 때문에 공부에 집중할 수 없게 된 알베르투스의 제자 토마스 아퀴나스(Thomas Aquinas)는 어느 날 짜증을 내면서 시끄러운 자동인형을 망가뜨려버렸다고 한다.

다음에서는 알베르투스의 저서로 알려진『식물 및 보석의 불가사의한 효력』이라는 작은 책에서 일부분을 인용해보겠다.

"헬리오트로프(Heliotrope) - 식물명은 그리스어로 태양을 의미하는 헬리오스(helios)와 변화를 의미하는 트로프스(trope)라는 두 단어에서 따왔다. 꽃이 태양과 비슷하기 때문에 이런 이름이 붙었다. 만약 당신이 8월 한창 때 이 꽃을 따서 늑대 이빨과 함께 월계수 잎사귀로 싼 다음 몸에 꼭 지니고 있으면 아무도 당신을 험담하거나 중상모략하지 못할 것이다. 혹은 베개

밑에 두고 자면 당신의 집을 도둑질하려는 사람의 모습을 (꿈속에서) 볼 수 있다. 만약 교회 안에 숨겨두면 남편 눈을 피해 부정을 저지르는 아내는 교회 안에서 한 발짝도 밖으로 나가지 못할 것이다."

"쐐기풀 — 이 풀을 이삭물수세미와 함께 손에 쥐고 있으면 어떤 유령을 만나도 전혀 무섭지 않을 것이다. 스네이크 우드(snake wood)의 수액을 섞어 양손으로 비빈 후, 남은 것을 물속에 던져버리면 손으로 쉽사리 물고기를 잡을 수 있다."

"애기똥풀 — 이 풀을 두더지 심장과 함께 병자의 머리맡에 둔다. 만약 병자가 죽을 운명이면 큰 소리로 노래하기 시작할 것이고, 쾌유될 운명이면 눈물을 흘릴 것이다."

"장미 — 이 꽃과 겨자 열매, 족제비 다리를 합쳐 나무에 매달아두면 나무에 절대로 열매가 열리지 않을 것이다. 만약 이 혼합물을 마른 양배추 옆에 두면 이틀 후 양배추가 싱싱해진다. 이것을 불이 붙어 있는 램프 속에 넣어두면 거기에 있는 모든 사람들이 악마로 보인다."

"샐비어 — 이 풀을 작은 유리병에 넣은 다음 그 위에 비료를 뿌려주면 벌레나 개똥지빠귀처럼 꼬리 달린 새 같은 것이 생겨난다. 만약 이 생물체의 피를 누군가의 위장 부근, 복부에 문지르면 2주 이상 정신을 잃는다. 이 벌레를 태워 그 재를 불 속에 던지면 순식간에 엄청난 천둥소리가 들릴 것이다. 만약 이 재를 램프 안에 넣어두면 온 방 안에 뱀이 꿈틀대는 것처럼 보일 것이다."

"자석 — 만약 남자가 아내의 정조를 알고 싶으면 철처럼 보이는 자석이라는 돌을 아내의 머리맡에 두면 된다. 만약 그녀가 결백하다면 남편을 껴안을 것이다. 만약 그 반대라면 아내는 당장 침대에서 뛰쳐나갈 것이다."

"에메랄드 — 현자가 되려는 사람, 부를 축적하려는 사람, 미래에 관해 미리 알고 싶은 사람은 투명하고 광채가 나는 에메랄드라는 돌을 취하라. 노란빛이 도는 돌이 가장 좋다. 그것은 이따금 그리핀(Griffin, 사자의 몸에 독수리 머리가 달린 신화적인 동물-역주) 둥지에서 발견된다. 이 돌을 몸에 지니고 있으면 재기가 넘치고 기억력도 좋아진다. 혀 밑에 끼워두면 예언 능력이 생긴다."

"자수정 — 머리를 좋게 하고 절대로 취하지 않으려면 자수정 돌을 가지고 있으면 된다. 극상품은 인도산이다. 취하지 않고 학문 취향을 기르는 데는 이 돌만큼 효과적인 것이 없다."

"호마노 — 상대에게 슬픔이나 공포심을 부여하거나, 고민거리를 여기저기에 퍼뜨리려는 자는 검은 빛깔의 호마노라는 돌을 취하라. 가느다란 하얀 선이 많이 나 있는 아라비아산이 극상품이다. 만약 이 돌을 누군가의 목에 걸거나 손가락에 끼우면 그 사람은 곧바로 우울해지면서 금방 겁에 질리게 된다. 밤에는 무서운 꿈을 꾸고, 친구와 틀어지게 된다."

"산호 — 폭풍우를 잠재우고 큰 강을 건너려는 자는 산호를 지니면 된다. 산호에는 빨간 것과 하얀 것이 있다. 산호에 지혈 효과가 있다는 것은 실험을 통해 확인되었다. 이 돌을 몸에 지니고 있는 사람은 항상 도리를 헤아릴 줄 알고 신중하다. 산호는 폭풍우나 해상에서 직면하는 위험에 탁월한 효력이 있다."

"배뇨 곤란 — 이 논고를 마치기 전, 깜짝 놀랄 비밀을 알려주겠다. 일각수의 머릿속에 아주 멋진 흰 돌이 있는데, 이것이야말로 의사들이 배뇨 곤란이라고 부르는 병을 고치는 특효약이다. 배뇨가 힘든 사람이나 사일혈(열원충이 적혈구 내에서 72시간 동안 분화되어 열이 오르는 말라리아-역주)을 앓는 사람은 이 돌로 치유될 수 있다. 그리고 임산부가 몸에 지니고 있으면 절대로 다치지 않을 것이다."

이상이 알베르투스의 마법서에서 발췌한 내용이다. 인간의 인위적 간섭 없이, 보석 속에서 자연스럽게 형성된 신비스러운 힘을 인정하는 사상은 중세 이래 유행했던 부적(Talisman)이나 행운의 반지, 메달 등의 유행에서도 찾아볼 수 있다. 이것은 자연을 반영하는 골상학과 수상학(손금) 등 온갖 기교마술로까지 발전했다. 그런데 여기서 중세의 알베르투스 다음으로 소개할 사람은 르네상스기에 이름을 날린 자연마법의 대가, 잠바티스타 델라 포르타(Giambattista della Porta, 1838~1615)다.

포르타는 나폴리의 천재 의사였다. 젊었을 때부터 스페인, 프랑스 등 유럽 각지를 여행하며 당대의 마법사들과 교류했고 1560년에는 나폴리에 '자연의 비밀 아카데미'라는 특이한 연구소를 세웠다.

<그림 33> 동물과 식물의 유사성

이유는 모르겠으나 이 연구소가 이단적으로 보인 탓인지 로마 교황 파울루스 5세(Paulus V)는 이곳을 경계하며 즉시 폐쇄 명령을 내렸다. 그러나 포르타가 로마로 찾아가 아카데미 연구 활동 내용을 직접 설명하자, 교황청도 납득하고 활동을 허락했다고 한다.

포르타는 중세 굴지의 아라비아 학자 아르날두스 드빌라노바(Arnaldus de Villa Nova)의 실험 정신을 이어받아 여러 광학기계를 발명했을 뿐 아니라, 어두운 방에 커다란 렌즈를 설치한 후 일종의 암상장치도 제작했기 때문에 오늘날 사진술의 아버지로 불리고 있다. 만년에는 진기한 동물이나 식물, 광물을 수집했고 자신의 집 마당에서 외국에서 가져온 특이한 식물을 재배했다. 나폴리를 방문하는 여행자는 모두 이 포르타의 환상적인 박물관, 이국적인 정원을 관

<그림 34> 소 얼굴을 닮은 사내

람하고 돌아갔다고 한다.

재미있는 점은 뼛속까지 철저히 자연적 신비에 사로잡혔던 학자 포르타가 그 독특한 골상학 체계를 세우기 위해 응용한 유추라는 방법론이다. 간단히 설명하면, 어떤 사람이 어떤 동물(혹은 어떤 식물)과 닮았다면, 그 사람은 그 동물(혹은 그 식물)과 유사한 성격을 지닐 거라고 추론하는 방법이다. 인간의 기질(다혈질, 우울질, 담즙질, 점액질로 분류되는 4체액)은 천지 만물 속에도 포함되어 있기 때문에 언뜻 보기에 아무런 관련이 없을 것 같은 물질도 자세히 들여다보면 유사한 성격을 발견할 수 있다. 이것이 바로 유추라는 방법이다.

예를 들면 사슴뿔 모양의 나뭇가지는 사슴과 같은 성격을 가지고 있다(그림 33 참조). 소처럼 생긴 남자는 고집이 세고 게으르며 걸핏하면 화를 내는 성격의 소유자다(그림 34 참조). 타조와 비슷한 사람은 겁쟁이에 거드름을 피우며 과민성 체질이다. 돼지 같은 남자는 마치 돼지처럼 게걸스럽게 먹고 칠칠치 못하며, 인색하고 불결하며 지성이 부족하다. 사자 얼굴을 한 사내는 용감하고 고결한 성격의 소유자이며, 양의 얼굴을 한 남자는 매사에 조심스럽고 근성이 부족하다.

포르타는 의사였기 때문에 다양한 환자의 성격과 용모를 비교·연구하여 이런 기상천외한 학설을 전개할 수 있었다. 파라켈수스, 앙브루아즈 파레(Ambroise Paré)를 비롯해 과학의 여명기에는 많은 의사들이 문화의 지도자적 역할을 담당했다.

포르타의 저서는 『인상학』(1586)이라는 제목으로 유럽 전체에 선풍적인 반향을 불러일으켜 베니스, 하노버, 브뤼셀, 라이덴(Leiden) 등 당시의 문화 중심지에서 출판을 거듭했다. 훗날 포르타의 골상학으로부터 영향을 받았던 유명한 철학자가 스위스에 나타났다. 괴테와 발자크가 존경했던 18세기 신비사상가, 요한 카스파 라바터(Johann Kaspar Lavater)였다. 그는 포르타의 '소 얼굴을 닮은 사내'의 그림을 인용하면서 분노하듯 이렇게 적고 있다. "몇백만 명의 인간을 모아도 이토록 소에 가까운 얼굴을 한 남자가 과연 있을까. 설령 그런 타입의 남자가 한 사람 정도 있다손 치더라도 소보다는 훨씬 나을 거다!"

로마의 박물학자 플리니우스(Gaius Plinius Secundus)처럼 포르타도 고대 자료에 입각해 자연계의 어떤 물질끼리는 서로 잡아당기지만 어떤 물질끼리는 서로 반발한다는 인력과 척력의 학설을 세웠다. 『자연마법』이라는 책에서 포르타는 '불쾌'와 '조화'라는 말로 이 두 개의 원리를 설명하고 있다.

저자의 설명을 바탕으로 알기 쉬운 예를 들면, 무화과나무에 매달린 소는 아무리 난폭한 소라도 순식간에 얌전해진다. 이유는 무화과와 소가 서로 끌어당겨 일종의 공감대를 형성하기 때문이다. 무화과 잎과 함께 삶은 쇠고기가 금방 부드러워지는 것도 같은 이유 때문이다. 이는 동양의 현인 조로아스터(자라투스트라[Zarathustra])의 책에서도 소개되어 있다(사실 여부는 모르겠으나 어쨌든 포르타는 그렇게 말하고 있다). 그러므로 난폭한 소를 길들이려면 무화과 열매를 짠 유액을 마시게 하면 된다. …

포르타의 자연마법서에는 이 밖의 다양한 기적의 예를 소개하고 있다. 예를 들면 물질을 부패시켜 동물을 자연스럽게 발생시키는 방법(알베르투스의 저서에도 비슷한 예가 있다), 보석 모조품을 만드는 법, 인간을 24시간 동안 미치게 하는 법, 독초 만드라고라(Mandragora, 맨드레이크)를 이용해 상대를 잠들게 하는 법, 누에콩이나 양파나 마늘을 이용해 상대에게 즐거운 꿈이나 악몽을 꾸게 하는 법, 그 밖에 불꽃 제조법, 물고기 낚시법 등 열거하려면 끝이 없다.

그중에서도 가장 특이한 것은 마법 램프를 이용해 섬뜩한 말의 환각을 일으키는 방법이다. 앞서 살펴본 것처럼 알베르투스의 책에도 램프 안에 약초를 넣어 악귀의 환영을 보는 방법이 설명되어 있었다. 포르타는 다음과 같이 적고 있다. "고대 철학자 아낙실라스(Anaxilas)는 촛불의 심지나 타다 남은 것을 이용해 인간의 얼굴을 도깨비 얼굴로 착각하게 만들며 놀았다는데, 참으로 흥미로운 이야기다. 하지만 이런 것은 우리도 간단히 할 수 있다. 예를 들면 종마와 이제 막 교미를 마친 암말의, 독소를 머금고 있는 분비물을 채취해 새 램프에 넣어 태우면 된다. 곧바로 그 자리에 있는 사람들의 얼굴이 말의 얼굴로 보일 것이다. 내가 직접 실험한 적이 없기 때문에 자신 있게 말할 수는 없지만 사실인 모양이다."

이와 같은 마법의 광경을 묘사한 조세포 페트루치(Gioseffo Petrucci)의 그로테스크한 동판화(암스테르담, 1677)가 있기 때문에 차분히 감상하시길 바란다. 마치 『걸리버 여행기』의 말나라에라도 온 느낌이 든다(그림 32 참조).

또 하나의 자연마법, 이번엔 18세기 말에 있었던 유명한 '지팡이점(기감봉)'에 관한 논쟁을 소개해보고자 한다.

고대에는 막대기, 화살, 지팡이 등이 점치는 도구로 이용되었는데 근대에 와서도 사람들은 이런 신비한 도구로 지하의 광맥, 석탄층, 광천 등을 탐지했다. 물론 근대의 대부분의 학자들은 이 '지팡이(기감봉) 점'의 효력에 대해 회의적이었지만, 젤랭 리카르처럼 그것을 사실로 인정한 유력한 학자도 있어서 문제는 다소 복잡해진다.

1571년 독일 프랑크푸르트에서 출판된 게오르기우스 아그리콜라(Georgius Agricola)의 『광산의 서(書)』라는 오래된 책에도 이 '지팡이(기감봉)'로 광맥을 성공적으로 찾아낸 사실이 서술되어 있으며 석탄갱 현장을 보여주는 서툰 목판화까지 삽입되어 있다(그림 35 참조). 두 사람의 점술사가 두 갈래로 갈라진 나무 막대기(나무로 된 일종의 '기감봉'-

역주)를 손에 쥐고 천천히 걷고 있고, 옆에서 지켜보는 측량기사 두 사람은 '점술용 지팡이(기감봉)'가 향한 지점을 손가락으로 가리키고 있다. 아그리콜라는 '지팡이 점'의 방식을 점술사가 현장에서 외우는 마법의 주문으로 설명했는데, 17세기 예수회 수사 아타나시우스 키르허(Athanasius Kircher)도 이 설을 답습했다.

1692년 프랑스 몽펠리에(Montpellier)의 피에르 가르니에라는 의사가 다소 믿기 힘든 기이한 사실을 보고했다. 도피네(Dauphine)주에 사는 자크 에마르라는 농부가 지팡이를 이용해 도둑이나 살인범의 행방을 탐지하고 그들을 정확하게 찾아냈다는 이야기다. 어느날 리옹(Lyon)에서 술집을 운영하던 부부가 살해됐다. 범행 장소인 술 창고에 들어가자, 에마르의 지팡이는 심하게 흔들렸다. 지팡이가 안내하는 대로 범인의 발자취를 쫓아가보니 한 여인숙에 당도했다. 며칠 전 범인이 머물던 곳이다. 점술 지팡이(기감봉)는 범인이 손을 댄 술병을 가리켰다. 남프랑스에 도착하자 점술 지팡이는 보케르(Beaucaire) 감옥 앞에서 딱 멈췄다. 감옥 안에 범인이 있음을 암시한 것이다. 정말로 그랬다. 살인범은 겁을 집어먹고 마침내 범행을 술술 자백했다.…

발몽(Valmont) 수사는 『밀교 물리학 혹은 점술용 지팡이(기감봉)에 대한 논고』(1693)라는 책 속에서 이런 현상을 과학적으로 해명하려 했다. 그는 언뜻 보기에 신기한 이런 자연현상도 물질 입자의 운동에 의해 일어나는 것이라고 설명했다. "지팡이를 쥔 사람 손 안에서

<그림 35> 기감봉의 광맥 발견

입자는 발산작용을 한다. 즉 지하수와 광맥에 의해 입자의 방사가 촉진되기도 하고, 도망친 살인범에 의해 입자의 발로가 일직선으로 진행하기도 한다. 그리고 이 입자가 지팡이의 반동을 일으킨다." 이것으로 발몽 수사는 자기 나름대로 과학적으로 설명했다고 생각한 모양인데, 도무지 무슨 말인지 도통 이해가 가지 않는다. 이런 '입자 철학'은 마술치고는 꽤 속된 것이지만, 보석 안에서 치료의학적인 효과를 인정하거나 인체에서 방사되는 물질적 광선을 믿기도 하는 헬몬트(Jan Baptista van Helmont)류의 낡은 학설이 퇴행한 형태라는 사실은 분명하다.

　보석의 신기한 효과를 치료학에 응용한 사례는 앞서 설명한 포르타의 『자연마법』에서도 볼 수 있는데, 이보다 먼저 중세의 성녀 힐데가르트 폰 빙겐(Hildegard von Bingen)이 이미 체험을 했다. 그녀는 십자가를 새긴 보석이나 빵을 이용해 병자를 간호했다고 한다.

포르타는 세상 사람들이 전혀 알지 못하는 '알렉트리우스'라는 보석에 대해 "그것이 4년 전 거세한 수탉의 배에서 나온 것이거나, 혹은 암탉의 위장에서 꺼낸 것이라면 그것을 소지한 자에게 절대적인 힘이 주어진다"라고 단언하고 있는데, 알베르투스 역시 비슷한 주장을 하고 있다. 포르타는 "홍마노는 성병에 걸린 부녀자들에게 효과가 있고, 지르코늄은 해독제가 되며, 토파즈는 색정광(색에 미쳐 비정상적인 행동을 하는 사람-역주)을 고치고, 터키석은 우울증이나 심장 쇠약에 효능이 있다. 에메랄드를 목에 걸면 간질을 예방하며, 그것을 몸에 지니고 있는 자가 동정을 잃으면 순식간에 두 동강이 난다"라고 설명했다(위스망스 『저 아래로(Là-Bas)』에서 발췌).

18세기 후반, '동물 자기설'을 주창하며 자칭 치료의학의 대가를 사칭한 사기꾼이 파리에 나타났다. 독일인 프란츠 프리드리히 안톤 메스메르(Franz Friedrich Anton Mesmer, 1734~1815)였다. 그는 하늘에서 발생하는 활력을 축전지 같은 물질 안에 잡아둘 수 있다고 생각했다. 이 힘을 쇠약한 병자의 체내에 주입하면 병자는 금방 건강을 회복할 수 있을 것이라고 믿었다. 아울러 강력한 활력을 비축해둔 인간이 '자기유체'를 자유롭게 제어할 수 있으면, 자신의 활력을 병자에게 주입할 수도 있을 것이다. 그러려면 병자 머리에 손을 얹어주면 된다.

화려하게 꾸민 메스메르의 방에는 거대한 통이 하나 놓여 있는데, 이것이 축전지 역할을 한다. 통은 둥근 상자 모양이다. 통 안에는 많은 병들이 방사상으로 이어져 있었고, 주입된 활력은 모조리 중앙의 큰 병으로 모아지도록 설치되어 있었다. 병 안은 자기를 띤 물과 유리 분말, 금속 조각 찌꺼기들로 가득 차 있다. 축전지에는 뚜껑이 있어 철로 된 막대나 도선이 뚜껑 밖으로 몇 가닥이나 튀어나와 있었다.

병자는 이 철 막대를 붙잡은 상태에서 자기요법 치료를 받는다. 기계 주변에는 병자용 안락의자가 마련되어 있었다. 치료 중엔 소규모 오케스트라가 음악을 연주해준다. 하나에서 열까지 쾌적하게 설비되어 있기 때문에 음침한 병원이라는 느낌은 전혀 들지 않는다. 사치를 좋아하던 메스메르는 값비싼 그림이라든가 화려한 로코코 취향의 시계, 크리스털 글라스 세공품까지 방에 장식해두었다. 달변에 상냥하고 겸손하기까지 해서, 파리 시내의 귀부인이나 귀공자에서부터 가난뱅이에 이르기까지 경쟁적으로 이곳으로 몰려들었다. 파리의 의학 아카데미는 그의 성공을 질시했지만, 메스메르는 루이 16세의 보호를 받고 있었기 때문에 어떻게도 해볼 도리가 없었다.

그러나 결국 세월은 흘러갔고 메스메르에게도 시대적 유행에 외면당하는 순간이 찾아왔다. 그를 가장 열심히 따랐던 신자는 저명한 이집트 학자 앙투안 쿠르 드제블랭(Antoine Court de Gébelin)이었는데, 바로 그가 메스메르 방 안에 있는 커다란 통 앞에서 치료를 받다가 갑자기 세상을 떠나게 되었다. 드디어 물러날 때가 온 것이다. 요즘 시대엔 환자 한두 명쯤 죽는다고 의사나 의술에 불신의 눈초리를 보낼 사람은 없겠지만, 18세기의 파리라면 사정은 달랐다. 결국 메스메르는 매정한 파리 시민들에게 내쫓기다시피 하면서 프랑스를 떠나게 되었다. 만년에 그는 영국에서 쓸쓸히 지내다 고향 독일로 돌아간 후 세상을 떠났다.

성위와 예언

<그림 36> 점성술사. 로버트 플러드의 책에서 발췌

어느 날 내가 프랑스에서 막 도착한 고서 보따리 속에서 찌든 냄새가 역력한 커다란 가죽 표지 책을 집어 들자 얇은 팸플릿 하나가 바닥에 툭 떨어졌다. 여기저기에 온통 좀먹은 흔적으로 가득한 팸플릿이었다. '뭐지? 이런 책을 주문한 기억은 없는데' 하면서 표지를 보자, '프랑스 기상학협회원 루셀 부인이 V. 마르세유 병원 의사에게 보낸, 콜레라에 관한 편지'라고 적혀 있었다. 1868년에 출판된 것이므로 그리 오래된 것은 아니었다.

짐작건대 고서 사이에 우연히 끼어들어가 있던 팸플릿이 어찌된 영문인지 그대로 나에게 배송된 모양이었다. 내용이 많지 않아 대충 읽어보니 점성학에 경도된 광신적 할머니가 전염병은 모조리 천문학적 사실에 기인한다며 병원 의사에게 거듭 호소한 내용이라고 여겨졌다. 제법 박식한 할머니였다. 파라켈수스 스타일의 성신(星辰) 의학 지식을 과시하고 있다는 느낌도 받았다. 아마 이런 자비 출판을 통해 병원 측으로 하여금 한 번쯤 신중하게 이에 대해 고려해보게 하려는, 그 나름의 순수한 선의에서 공개적 논쟁을 시도한 모양이었다. 그 후 병원 측이 그녀의 의견을 존중했는지는 전혀 알 수 없다.

여기서 편지 내용을 상세히 소개할 여유는 없으나, 일단 이것만으로도 점성학적 신앙이 당시 얼마나 널리 유럽인들의 영혼에 배어들어 있었는지, 대략적으로나마 짐작할 수 있을 것이다. 그렇다면 점성학이란 과연 무엇일가.

점성학이란 이른바 우주를 정밀한 하나의 시계로 보고, 천계(天界)

의 톱니바퀴장치를 작동시키는 법칙을 발견하려는 비술(祕術)이다. 시계의 문자반(文字盤, 문자나 기호를 표시해놓은 면-역주)은 별들을 여기저기 배열한 천구(天球)였기 때문에 우선 별 운행의 관찰이 무엇보다 중요했다. 천계의 질서는 일정하고 변하지 않지만, 인간의 운명은 드라마틱하게 바뀌는 것처럼 보인다. 하지만 과연 정말로 그럴까. 인간의 운명도 우주의 톱니바퀴장치와 미묘한 관련이 있기 때문에 인간의 출생과 죽음 모두 시계처럼 정확하게, 수학적으로 이미 정해져 있는 건 아닐까. 이것이 점성학적 인식이 성립하게 된 첫걸음이었다.

그런데 별의 운동을 수학적으로 산출하는 방법은 문명의 기원과 비슷할 정도로 매우 오래됐다. 칼데아인을 비롯해 이집트인, 아시리아인, 그리스인, 페르시아인 모두가 이런 의미에서 탁월한 수학자였다. 그들은 계산기나 망원경조차 없던 시절에 중요한 천문적 사실을 이미 발견했다. 안경이 최초로 등장한 것이 17세기 초였고, 망원경을 일반인이 사용하게 된 것이 1663년이었던 것을 고려하면, 알렉산드리아의 프톨레마이오스(Claudius Ptolemaeos)의 치졸한 천체도에도 새삼 감탄하지 않을 수 없게 된다.

르네상스기의 천문학자들은 길이를 재는 자만 들고 별을 관찰하면서 고차원적 이론에 빠져 있었다. 놀라운 일이다. 당연히 망원경 없이 육안으로만 봤다. 코페르니쿠스(Nicolaus Copernicus)나 티코 브라헤(Tycho Brahe)의 업적도 이런 환경에서 탄생된 것이었다. 우리는 자칫 코페르니쿠스가 망원경을 들여다보고 있는 모습을 상상하기

<그림 37> 노스트라다무스의 초상. 19세기

쉽지만, 이것은 현대인이 범하는 역사적 시간 착오다.

　그 때문에 이런 착각에 빠진 19세기 화가가 중세 점성학자 초상을 상상하고 그린다면 자칫 거대한 천체망원경이나 그 밖의 희한한 기계류에 둘러싸인 신비로운 인물상을 그리게 된다. 필요 이상으로 치장에 신경 쓰며 신비감을 자아내게 하려다가 오히려 허점이 드러나게 되어버린 형국이다. 콜랭 드플랑시(Collin de Plancy)의 『지옥사전(Dictionnaire Infernal)』(파리, 1863)에 삽입된 '노스트라다무스 초상'(그림 37 참조)이 이런 예들 중 하나다.

　그림 속에서 16세기 최고의 예언가 노스트라다무스는 기묘한 원추형 모자를 쓰고 소매가 넓게 퍼진 옷을 입고 있다. 그러나 당시의 점성학자는 절대 이런 마술사 같은 요상한 차림새를 하지 않았다.

<그림 38> 노스트라다무스의 초상. 18세기

그들의 복장은 당시의 대학교수가 그랬던 것처럼 검소하고 심플했
다. 노스트라다무스 옆에는 근사한 천체망원경이 있는데, 물론 16
세기에 이런 물건이 있었을 리 만무하다.

　이것과는 다른 노스트라다무스의 초상화로 18세기 동판화(그림 38
참조)가 한 점 남아 있다. 오히려 이쪽이 실물에 훨씬 가깝다. 16세기
점성가의 복장은 대체로 이와 유사할 거라고 상상해도 큰 지장이

없을 것이다. 마찬가지로 검은 가운을 입은 저명한 점성가 윌리엄 릴리(William Lilly)의 초상화(런던, 1647)는 17세기 중엽 영국 학자의 전형적인 복장을 보여준다.

나아가 로버트 플러드(Robert Fludd)의 『우주의 역사(Utriusque Cosmi Historia)』(1617)에는 두 명의 점성학자가 마주 보고 있는 관측소를 묘사한 동판화(그림 36 참조)가 삽입되어 있다. 삽화에서 수염을 기른 산타클로스 같은 점성학자가 가죽이 달린 모자를 쓰고 있는 까닭은 별에게 영향을 받은 자력 기류로부터 머리를 보호하기 위해서라고 한다.

이런 오래된 그림에 망원경이 전혀 묘사되지 않은 것에 주목할 필요가 있다. 다시 말하지만 망원경은 1604년 네덜란드에서 발명되어, 갈릴레오(Galileo Galilei)가 최초로 천체 관측에 응용할 때까지 점성학이나 천문학 영역에는 단 한 번도 등장하지 않았다.

그림 36과 그림 37에서 볼 수 있는 자이로스코프(gyros cope, 회전의) 같은 구형의 도구는 그리스 천문학자가 고안한 혼천의(천체의 운행과 그 위치를 측정하던 천문관측기-역주)라는 일종의 천체의다. 주위에 눈금을 그리고 해당 판의 면에 천체의 운행을 배열하며, 중심에 지구를 두고 바늘 회전으로 천체의 위치를 파악한다. 혼천의 이외의 도구로 컴퍼스, 모래시계, 12구분도, 펜과 잉크 정도밖에 발견할 수 없었던 것은 다소 유감스럽다.

당시 천문학과 점성학이 혼용되고 있었음을 보여주는 좋은 사례로 그 유명한 티코 브라헤를 들 수 있다. '천문학자의 왕'으로 불렸던 티코 브라헤조차 코펜하겐대학 강연 등에서 고색창연한 바빌로니아풍의 점성술 이론을 자랑스럽게 늘어놓았다. 티코는 이렇게 말하고 있다.

"별은 인간에게도 직접적 영향을 미칠까? 물론이다. 왜냐하면, 인간의 체구는 별의 4원소로 구성되어 있기 때문이다. 예를 들면 달과 태양의 위치가 불리해 화성이 올라가려고 하고 있고, 토성이 수대(황도대, 황도 12궁-역주)의 제8궁에 자리를 잡을 경우, 이때 태어나는 아이는 거의 대부분 사산한다."(아레니우스 『우주의 성립』에서 발췌).

이런 식이다. 티코는 독실한 점성술 신자였기 때문에 어느 날 결투를 하다가 코끝이 잘려나가자, 이는 자신이 태어날 때 이미 별이 이런 운명을 예언했기 때문이라며 깔끔히 수긍했다고 한다. 의외로 점성술의 효용이란 이런 부분에 있을지도 모른다. …

점성술의 원리와 방법은 황도 12궁과 7혹성으로 구성되어 있다. 12궁은 일명 수대(조디악[Zodiac], 황도대, 황도 12궁-역주)라고도 불린다. 이런 명칭들과 각 궁(자리)에 대해서는 '마기아 섹슈얼리스(Magia Sexualis, 성의 마술)' 항목에서 살펴봤기 때문에, 혹시 잊으신 분들은 참조해주시길 바란다.

12궁은 황도를 중심으로 남북으로 8도의 폭을 유지하며 띠 모양으로 회전하는 12개의 성좌군을 말한다. 물론 이 띠는 지구를 중심

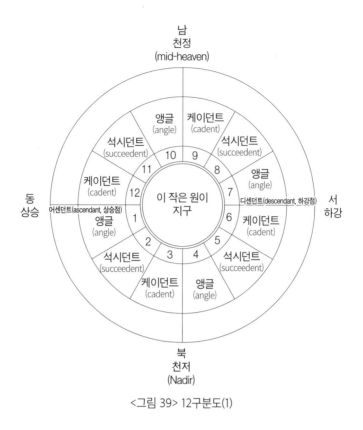

<그림 39> 12구분도(1)

으로 바라보았을 때 나타나는 위치에 의해, 천구에 항상 머물러 있는 항성을 편의적인 군으로 분류한 것에 지나지 않는다. 그러므로 어디까지나 상상의 산물이라 할 수 있다. 주된 혹성과 달, 태양은 이 띠 안에서 운행하고 그 밖으로는 나가지 않는다. 예를 들면 토성은 매우 느리게 움직이기 때문에 공전 주기 약 29년 6개월로 황도대의 12궁을 통과한다. 즉 지구 주위를 한 바퀴 돌았다는 말이 되기도 한다. 화성은 약 680일, 태양은 1년, 가장 빠른 달은 27일 7시간 13분 5

초 걸려서 지구 주위의 황도대를 한 바퀴 돈다. 결론적으로 말하자면, 이 혹성들이 특정 시간에 황도대의 어느 궁을 통과하고 있는지에 따라 다양한 예언적 판단이 가능해진다.

각 혹성은 밤의 궁과 낮의 궁, 두 개의 궁에 살 수 있다. 태양과 달은 하나의 궁밖에 없다. 태양은 사자궁에 살고, 달은 거해궁에 산다. 수대(황도대)는 태양과 달에 의해 둘로 나뉘어 각각 6개의 성좌가 달(밤)과 태양(낮)에 지배당한다. 달의 지배를 받는 성좌는 보병궁(물병자리), 쌍어궁(물고기자리), 백양궁(양자리), 금우궁(황소자리), 쌍자궁(쌍둥이자리), 거해궁(게자리)이고, 태양의 지배를 받는 성좌는 사자궁(사자자리), 처녀궁(처녀자리), 천칭궁(천칭자리), 천갈궁(전갈자리), 인마궁(사수자리), 마갈궁(염소자리)이다.

이것이 점성학의 가장 기본적인 구분이다. 중요한 것은 각 혹성이 자신의 궁으로 들어갔을 때 강력한 영향력을 발휘한다는 점이다. 마치 마작 게임에서 '동남서북'의 풍(風)패 같은 작용으로 이해하면 될 것이다.

그러나 실은 좀 더 복잡하다. 각 혹성이 힘을 최대한 발휘하는 것은 그것이 각자 본래 궁으로 들어갔을 때가 아니라 다른 위치에 있을 때이기 때문이다. 예를 들어 태양은 본래 사자궁이지만 백양궁(정확히는 백양궁의 19도)에 있을 때 가장 고양된다. 반대로 가장 몰락할 때는 백양궁의 맞은편인 천칭궁(정확히는 천칭궁의 19도)에 들어갔을 때다. 왜 태양의 고양과 몰락이 이처럼 정확한 도수로 결정되는지는 아무도 모른다. 다른 혹성의 고양과 몰락도 각각 이같이 전통에 따라 정확히 결정된다.

낮의 궁, 밤의 궁, 고양, 몰락 등에 의해 점성학은 12성좌와 7혹성 사이의 교감(Correspondence) 이론을 구성한다. 그리고 혹성에 유리한 위치인지 불리한 위치인지에 따라 좋은 영향, 나쁜 영향을 판단한다. 혹성에 각각 고유의 성격이 있듯이 12궁에도 각각 특수한 효능이 있다.

고대부터 점성학자들은 황도대 360도를 균등하게 12개로 나누어 우선 제1궁, 즉 태양이 동 상승점(어센던트[ascendant])에 달할 때까지의 부분을 호로스코피움(Horoscopium)이라 불렀다. 이 이름은 훗날엔 별의 위치를 가리키는 데 이용되었고, 그러다가 별점 그 자체를 의미하는 말이 되었다. 동 상승점에 대응하는 것이 서 하강점(디센던트[Descendant])이다. 이 선과 수직으로 교차해 남북으로 가로지르고 있는 것이 남 천정과 북 천저(하늘의 바닥)를 잇는 선이다.

제1궁은 가장 중요한 궁이다. 만약 토성처럼 불운한 별이 이 궁으로 들어오면 머리와 얼굴에 점이나 흉터가 생긴다. 이 궁은 신체상으로는 머리와 얼굴을 지배하며, 인간의 운명의 대체적인 윤곽을 나타낸다. 제2궁은 선천적으로 타고난 부나 재산, 특권 상태를 나타낸다. 신체상으로는 목과 인후를 지배한다. 이런 식으로 제1궁에서 제12궁까지 점성학자가 판단의 근거로 삼을 수 있는 온갖 인간 생활의 조건과 육체상의 위치가 구체적으로 제시되어 있다.

그림 39는 과거엔 그림 40처럼 사각형으로 된 도표로 되어 있었다. 로버트 플러드의 저서에 수록된 삽화나 윌리엄 릴리의 초상화

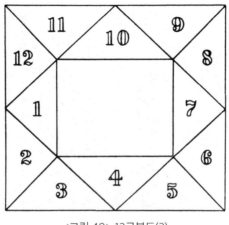

<그림 40> 12구분도(2)

에도 이런 12구분도가 그려져 있었다. 제1, 제4, 제7, 제10궁을 각각
앵글(angle)궁이라 칭한다. 문자 그대로 정사각형으로 된 이 네 궁은
기본적인 인생의 나침반이다. 제2, 제5, 제8, 제11궁은 각각 석시던
트(succedent)궁이라 불리고, 이 네 개는 앵글궁에 종속되는 운명을
나타낸다. 제3, 제6, 제9, 제12궁은 내면적 가치를 나타내는 케이던
트(cadent)궁으로, 지능궁이라고도 불린다. 혹성이 여기에 들어오면
인간의 정신적인 면에 영향이 미친다.

　기타 길흉을 판단하기 위해서는 성좌와 성좌 간의 대응관계를 나
타내는 아스펙트(Aspect)의 측정이라는 까다로운 문제가 남아 있다.
그러나 도저히 여기서는 그 전모를 모조리 설명할 수 없다. 일본에
서라면 몬마 간메이(門馬寬明) 씨의 『점성학 입문(占星学入門)』이 가벼
운 입문용 참고서이기 때문에 흥미가 있으신 분은 찬찬히 읽어보시

면 좋을 것이다. 그리고 그 결과 운명감정용 '출생천궁도'가 제작된 다면 남는 것은 판독뿐이다. 사람은 누구나 점성학자가 될 수 있다.

태어났을 때의 별 위치를 보고 그 사람의 운명을 예측하는 방법은 프톨레마이오스의 『테트라비블로스(Tetrabiblos)』(네 권의 책) 이래 일반적인 방법이다. 이것을 '출생 선천 점성학'이라 부른다. 좀 더 간단한 방법으로 '일륜점성학(日輪占星学)'이 있는데, 근래 미국 등에서 유행하고 있는 저속한 점성학 대부분이 바로 이 점성학을 근거로 삼고 있다.

하지만 여기서는 자세한 실천적인 방면은 잠시 미뤄두고, 역사상 가장 탁월했던 점성학자, 예언자로 알려진 한 인물의 풍모를 묘사해내는 데 중점을 두기로 하겠다.

미셸 드노스트르담(Michel de Nostredame), 통칭 노스트라다무스는 1503년 남프랑스 프로방스의 생레미(Saint Remy)에서 태어났다. 그는 유대계 의사이자 점성학자였으며 당대 제일의 예언자이기도 했다. 바야흐로 중세의 암흑기에서 가까스로 벗어났다고는 해도 당시 프랑스의 르네상스는 아직도 혼돈 상태였다. 사상적 대립이나 종교적 혼란, 역병이나 전쟁 속에서 마술적 미신과 예언, 점술이 난립하던 상황이었다. 구사상의 아성이었던 파리의 소르본대학 신학부가 '납세공처럼 간단히 이단자를 제조했던' 시대였다.

그런 와중에 점성학자라는 이름이 붙은 인물들은 필시 빗자루로 쓸어버릴 정도로 많았을 텐데 유독 한 사람, 오직 노스트라다무스만이 그 이름을 후세까지 전하고 있다. 온갖 문학작품 속에 인용되고 있다는 사실은 그의 명성이 얼마큼 높았는지를 말해주고 있다.

괴테의 『파우스트』 중에도 "자, 도망가지 않겠는가? 넓은 세상으로 나가지 않겠나? 여기에 노스트라다무스가 자필로 쓴 심오한 비전서가 있다네. 자네의 여행 안내자는 이것으로 충분하지"(모리 오가이[森鷗外] 번역)라고 나와 있다. 요컨대 노스트라다무스라는 이름은 수많은 마도의 선구자로 후세 문학자들에게 구가되었고, 서민들의 그림책에까지 묘사되어 오늘날에 이르고 있다.

앞서 설명한 바 있듯이 프랑스의 왕이었던 앙리 2세의 왕비 카트린 드메디시스는 마도에 대한 관심이 대단해 궁정에 많은 점성술사와 도사들을 초빙했다. 그들 중에는 요술사 코시모 루게리(Cosimo Ruggeri), 천문학자 레니에 등이 있었다. 특히 왕비가 레니에에게 천문대를 지어주었는데, 그 유적지는 지금도 파리 중앙시장 근처에 남아 있다. 그들과 함께 당시 이미 호기심의 대상이었던 노스트라다무스도 궁정에 초대받아 왕비의 절대적인 신임을 받게 되었다. 만년인 1564년에는 왕에 소속된 주치의라는 의미로 '왕부의사'라는 칭호까지 얻었다.

애당초 발단은 왕비가 블루아(Blois)성에 살고 있는 세 아들의 미래를 알고 싶어 노스트라다무스를 불러들였다는 사실이다. 노스트라다무스는 "세 아드님은 하나의 왕좌에 오를 것입니다"라고 예언했다. 의아하게 여긴 왕비가 좀 더 알기 쉽게 설명해달라고 주문하자, "모든 진실을 아시면 위험하옵니다"라고만 대답했다. 어떤 경우에도 그는 명확히 말하지 않고 알쏭달쏭한 말만 했다.

그러나 예언은 그대로 현실이 되었다. 세 명의 아들, 훗날의 프랑수아 2세, 샤를 9세, 앙리 3세는 잇따라 발루아 왕조의 왕좌에 오르게 된다. …

노스트라다무스는 궁정에 적이 많았다. 특히 왕비가 그를 신뢰하기 시작하자, 이를 질투하거나 우려하는 자가 생겨났다. 그러나 그의 예언 능력을 의심하는 모든 사람들이 깜짝 놀랄 만한 사건이 일어났다. 앙리 2세의 횡사 사건이었다.

1555년에 출판한 『세기들(Les Centuries) 제1서』(일본어 제목은 백시편(百詩篇)-역주)라는 예언집 중 제35번째 4행시에서 노스트라다무스는 다음과 같이 모호한 내용을 적었다.

젊은 사자는 노인을 이기지 못하리라.
전투가 일어나는 마당에서 일대일 승부 끝에,
황금 우리 안의 두 눈을 도려내리라.
잔혹하게 죽임을 당해 두 상처는 하나가 되지 못하리라.

이것만으로는 무슨 말인지 도통 이해가 되지 않았는데, 이 기묘한 시를 입증하는 앙리 2세의 갑작스러운 죽음이 그로부터 4년 후인 1559년에 일어났다.

왕의 여동생 마르그리트와 사보이아 공작의 결혼식 때, 왕은 젊은 근위대장 몽고메리 백작에게 여흥으로 야외시합을 하자고 제안했다. 몽고메리 백작은 처음엔 조심스럽게 사양했는데, 왕이 애원하자 어쩔 수 없이 그의 청을 받아들였다. 그런데 막상 시합을 시작하자, 어찌된 영문인지 몽고메리 백작의 창이 왕의 황금 투구를 꿰뚫는 바람에 왕의 한쪽 눈을 찌르고 말았다. 창은 뇌까지 다다랐다. 이 사고로 왕은 무려 9일간 혼수상태에 빠졌다가 결국 죽고 말았다.

그러나 아직도 후일담이 남아 있다. 『세기들(Les Centuries) 제3의 서』55번째 4행시에 다음과 같은 노스트라다무스의 기술이 있다.

> 프랑스에 외눈박이가 군림하는 1년간,
> 궁정은 참혹한 혼란으로 가득하리라.
> 블루아 전하는 그의 친구를 죽일 것이다.
> 재난과 의혹이 동시에 왕국을 둘러쌀 것이다.

분명 그랬다. 한쪽 눈만 가진 왕이 죽고 나자 프랑스 왕가는 처참한 운명을 걷기 시작했다. 세 왕자는 노스트라다무스의 예언대로 하나의 왕좌에 오르기는 했지만, 세 사람 모두 비참한 최후를 맞이했다.

먼저 장자는 부친의 뒤를 이어 프랑수아 2세로 등극했지만 즉위 후 1년 만에 요절했다. 당시 16세에 불과했던 프랑수아 2세는 교회 안에서 갑자기 고열이 나는 바람에 고통스러워하다가 비참하게 숨을 거두었다. 둘째 샤를 9세는 10세 때 왕위에 올라 모친 카트린 드 메디시스가 섭정을 했다. 그런데 그녀는 노스트라다무스의 예언에 나왔던 '하나의 왕좌'라는 말이 계속 신경 쓰여 도저히 견딜 수 없었고, 결국 당시 페스트로 황폐해진 남프랑스 도시 살롱으로 아들을 데리고 갔다. 점성학자 의견을 들어보기 위해서였다. 살롱 지방은 1547년 페스트 방역을 위해 출장간 노스트라다무스가 아예 눌러앉아 병원 간판을 걸고 지냈던 마을이었다. 여기서 예언자가 어떤 경고를 했는지는 알려지지 않고 있다.

어쨌든 프랑스는 당시, 신교와 구교와의 대립이 점점 격화되어 왕국을 둘로 쪼개버리는 종교 동란의 폭풍 속으로 휘말리고 있었다. 왕의 어머니인 카트린의 지휘하에 피비린내 나는 '성 바르톨로메오 축일의 학살'이 자행되어 공포와 원망의 소리가 항간에 자자했다.

그 와중에 선천적으로 허약했던 샤를 9세는 원인 불명의 우울증에 걸려 24세 때 어머니의 품에 안긴 채 숨을 거뒀다. 의사는 폐병이라고 했지만, 일설에는 너무 각혈을 많이 한 바람에 결국 빈혈로 죽었다고도 전해진다. 어쩌면 성 바르톨로메오 축일의 학살 당시 희생된 사람들의 원령이 씌었을지도 모른다.

막내 왕자는 앙리 3세로 왕좌에 올랐다. 그는 자신의 어머니보다 한 수 위의 마도 애호가인 데다 기묘한 도착자여서 여장을 한 적도 있었다. '소돔 전하'라는 별명이 붙었을 정도였다. 그는 뱅센성에 살면서 탑 속에 틀어박혀 온갖 강령술과 흑미사에 열중했다. 이런 흉흉한 소문은 시민들의 입에까지 오르내리게 되었고, 왕의 정적은 팸플릿에 그가 이단적이고 신을 모독했다며 사실을 부풀리고 왜곡하면서 폭로했다.

앙리 3세가 프랑스 중부의 '블루아'에서 삼부회를 소집한 후, 방심한 틈을 노려 정적 기즈 공작을 암살한 사건은 영화(1994년에 개봉된 이자벨 아자니 주연의 《여왕 마고》가 대표적임-역주)로 제작될 정도로 역사의 한 페이지를 장식했다. 참고로 기즈 공은 도끼로 난자당했다. '블루아 전하는 그의 친구를 죽일 것이다'라는 예언이 들어맞았던 것이다. 왕이 모친과 상의하지도 않고 일을 저질러버리자, 카트린은 쇼크로 3주 후 세상을 떠났다.

내란이 발발했고 파리는 '폭군'을 향해 봉기했다. 1589년 앙리 3세가 파리 시내를 포위하자, 왕을 곁에서 모시던 도미니크파 사제 자크 클레망(Jacques Clément)이 불시에 왕을 찔러 죽였다. …

발루아 왕가의 운명에 관한 예언은 결국 이렇게 완료되었다. 마치 정확한 운명의 톱니바퀴 같았다.

한편 노스트라다무스는 타인에 대한 예언만 했던 것은 아니었다. 그는 『세기들(Les Centuries)』에서 자신의 최후를 예상하고 다음과 같이 기술하고 있다.

소임을 다하고 왕의 증여를 하사받은 후,
이제 더 이상 할 일이 없어 신의 곁으로 갈 것이다.
친지, 친구, 동포는,
침대와 의자 사이에 죽어 있는 나를 발견할 것이다.

그가 생애 마지막으로 샤를 9세를 알현한 것은 1564년의 일이었다. 이때 왕은 '왕부고문' 및 왕실 주치의라는 칭호를 하사했다. '왕의 증여'란 바로 이것을 가리키는 것으로 해석할 수 있다.

이윽고 노스트라다무스는 수종을 앓아 차츰 걸음을 걸을 수 없게 되면서 침대와 책상 사이를 오가는 생활을 하게 되었다.

그리고 1567년 7월 1일 아침, 책상 앞에 앉은 채 죽어 있던 그를 하인이 발견했다. 향년 63세, 10여 년 전 자신이 쓴 4행시에 나왔던 내용과 똑같은 형태로 죽은 것이다.

전설에 의하면 그는 막대한 유산을 남겼다고 한다. 현금만으로도 4,444에큐(European Currency Unit, 유럽 통화 단위-역주)를 소유하고 있었다고 하는데, 이는 당시로서는 엄청난 금액이었다. 그것도 유서 깊은 최상급 금화였다는 것을 보면, 더더욱 기괴하기 그지없는 인물이었다고 할 수밖에 없다.

호문쿨루스(homunculus)의 탄생

<그림 41> 샐러맨더(salamander)

나의 잿빛 장갑은

영원히 영원토록 신비로운 생명의 액체에 잠겨

헤르메스(Hermes)처럼 용광로를 끌어안고

엄동설한 새벽녘 잠에서 깨어나 연금에 대한 헛된 꿈에 사로

잡혀

여름 해 질 녘 파라켈수스 마술사처럼

단검에 요귀를 깃들게 해 항간의 학자들을 분노케 했다.

이 고색창연한 문맥을 보라. 여섯 행의 이 시는 일본 악마학의 대
가로 칭해지는 히나쓰 고노스케(日夏耿之介)의 『고민초(黃眠帖)』(고민
[黃眠]은 히나쓰 고노스케의 펜네임-역주)에서 발췌한 것이다. 이제부터 파
라켈수스에 대해 살펴보기로 하면서, 우선 일본의 탁월한 귀신론자
(악마주의자[demonologist])의 시구를 '에피그래프(epigraph, 책 서두의 제사
[題詞]-역주)'로 제시해두는 것도 결코 나쁘지 않을 것이다.

파라켈수스(1493~1541)에 대해서는 앞서 여러 번 소개한 바 있다.
그의 본명은 필리푸스 아우레올루스 테오프라스투스 봄바스투스
폰 호헨하임(Philippus Aureolus Theophrastus Bombastus von Hohenheim)
이라는 기나긴 이름이다. 파라켈수스라는 단어는 독일어의 호헨하
임(Hohenheim, 영어로 번역하면 High Home)을 라틴어로 바꿔 본인이 직
접 만든 것이다. 파라켈수스 부친은 그가 평소 존경하던 고대 그리
스 광물학자 테오프라스토스(Theophrastus)의 이름을 따서 아들의 이
름을 지었다고 전해진다. 부친 역시 유명한 의사였다.

파라켈수스가 7세 때, 부친은 스위스의 아인지델른(Einsiedeln)에서 오스트리아의 필라흐(Villach)로 이주했다. 그곳은 유명한 광산 지방이었기 때문에 아우크스부르크(Augsburg)의 거상인 푸거(Fugger) 가문에서 창립한 광산학교가 있었다. 그는 먼저 슈폰하임(Sponheim) 수도원장으로 유명한 연금술사 요하네스 트리테미우스(Johannes Trithemius)에게 교육받은 후, 티롤(Tirol)에 있는 광산 실험실에서 실무에 임했다. 그가 젊은 시절부터 연금술과 광물의 화학적 공정에 대해 해박한 지식을 익히고, 마침내 신비스러운 공중누각 계통의 자연철학의 꽃을 피울 수 있었던 것도 북방 독일의 이런 지질학적 환경에 영향을 받았기 때문이다. 훗날 노발리스가『푸른 꽃(Heinrich von Ofterdingen)』의 모티브를 꽃피울 수 있었던 것도 이 같은 환경 때문이었다.

과학사나 의학사 관련 서적을 보면, 파라켈수스는 르네상스기의 이에트로(Iatro) 화학의 창시자로 평가되고 있다. '이에트로'는 그리스어로 의학을 뜻하며 이에트로 화학이란 육체적 현상을 화학적 과정으로 설명하려던 의학체계를 말한다. 연금술 이론과 근대 응용화학을 융합시킨 과도기적 시대였던 르네상스 여명기에, 천재 파라켈수스는 자신만의 거대한 족적을 남긴 인물이었다.

그러나 그는 단순히 의사로서 유럽 전역에 명성을 얻었던 것에서 그치지 않았다. 점성술, 마법사, 신비철학자, 그리고 신학자로서도 놀랄 만큼 방대한 양의 저서를 남기고 있기 때문에 고금의 오컬티스트(occultist, 신비주의자) 중에서도 가장 복잡기괴하고 흥미진진한 인물이라 할 수 있다.

심지어 도대체 어디까지가 진실인지 도무지 판단이 서지 않는 엄청난 허풍을 떨기도 하고, 종종 사기꾼을 방불케 하는 행동도 하곤 했다. 이로 말미암아 봄바스투스(Bombastus)라는 그의 이름이 영어로 '과대망상광'을 의미하는 보통명사로 쓰였을 정도다(혹시 거짓말이라고 생각하신다면 당장 영어사전을 펼쳐보시길 바란다).

그러면 도입 부분에 소개한 히나쓰 고노스케의 시 내용부터 살펴보자.

'단검에 요귀를 깃들게 해'란 무슨 의미일까. 전하는 바에 의하면, 파라켈수스가 항상 몸에 지니고 있던 검은 칼자루 머리에 '아조트(Azoth)'라는 글씨가 새겨져 있고, 그 안에는 어떤 악마가 갇혀 있었다. 칼자루와 칼날 사이에는 상아로 만든 용기가 내장되어 있었는데 그 안에는 소량의 '현자의 돌' 혹은 아편 진액이 들어 있었다. 그리고 그는 마음에 들지 않는 상대에게는 악마를 보내고, 마음에 드는 사람에게는 의학상 만병통치약이라 믿어졌던 '현자의 돌'을 주었다고 한다.

파라켈수스는 의학사상 처음으로 수은을 비롯해 안티몬(Antimon), 아연 같은 금속을 이용한 치료요법을 적용하는 데 성공했다. 따라서 이런 신비한 효능이 대중 사이에서 경외의 대상이 된 덕분에 이런 전설이 생겨났을 것이다. 그러나 그가 악마를 수족처럼 부렸다는 것은 당연히 속설에 지나지 않는다. 이는 아우구스틴 히르슈포겔(Augustin Hirschvogel)이 그린 초상화의 영향으로 보인다(그림 42 참조).

<그림 42> 파라켈수스의 초상. 아우구스틴 히르슈포겔(Augustin Hirschvogel) 그림

히르슈포겔이 그린 초상화 하단에는 라틴어로 파라켈수스의 금언 "모든 선은 신한테서 오고, 악은 악마한테서 온다"라는 문구가 새겨져 있었다. 이런 문구가 전설을 탄생시킨 모티브가 되었을 가능성이 농후한데, 사실 파라켈수스의 초상화 대부분이 검을 손에 쥐고 있다.

프랑스 의학자 르네 알랑디 박사의 설에 의하면, 파라켈수스의 신비한 검에는 더더욱 상징적인 의미가 있다고 한다.

파라켈수스 생애에서 주목해야 할 점은 여성 관계에 대한 정보가 전혀 없다는 사실이다. 이것을 빌미로 의학상 그와 반대 입장에 선자들이나 적대적인 사람들은 그를 거세당한 사내, 동성애자라며 경멸했다. 일설에 의하면 어린 시절 돼지에게 성기를 뜯기는 사고를 당하는 바람에 성불능자가 되었다고 한다. 그다지 신빙성이 없는 이야기다. 어쨌든 그의 욕망이 오로지 지식의 영역으로 승화되었다는 점만은 분명하다. 알랑디 박사는 이런 사정을 그의 유년기 원체험, 즉 일종의 광적인 성모(聖母)주의로 해석하고 있다.

파라켈수스가 태어난 마을인 스위스의 아인지델른은 유명한 순례지였고 이곳 수도원에는 아름다운 마돈나상이 있었다. 여기서 그는 이 아름다운 성모상과 어린 시절 잃었던 모친의 기억을 중첩시켜버렸다. 선천적으로 허약한 체질에다 오로지 자신만의 세계 속에 틀어박혀버려 차츰 남성의 쾌락을 혐오하게 되었다.

파라켈수스는 어려서부터 약간의 곱삿병(구루병)을 앓고 있었고 무척 병약했던 모양이다. 하지만 청년 시절 네덜란드 군의관으로 참전한 경험이 있기 때문에 만년에 이를 때까지 전쟁터에서 가져온 장검을 스스로의 투쟁 정신의 상징물로 여기며 잠시도 손에서 떼지 않았다. 즉 파라켈수스에게 장검은 정신분석학적 측면에서 볼 때 본래 그에게 결여되어 있던 남성적 힘의 상징이었다는 말이 될 것이다.

훗날 장미십자단과 프리메이슨 의식 등에서도 검이 역시 중요한 상징적 역할을 하게 되었다. 이것도 어쩌면 파라켈수스의 검에서 힌트를 얻었을지도 모른다.

어쨌든 신비스러운 검에 의해 고무된 파라켈수스의 저돌적인 투쟁 정신은 실로 대단했다. 앞서 살펴본 히나쓰(日夏) 씨의 시구에 나온 것처럼 '항간의 학자들을 분노케' 만들었기 때문이다.

바젤대학에서의 아카데믹한 관례를 깨고, 독일어로 최초로 강의한 사람도 파라켈수스였다. 중세 이래 아카데미 의학교수는 수도사 풍의 풍성한 옷을 걸치고, 붉은 지팡이를 든 차림새에 금반지를 끼고, 갈레노스(Claudius Galenus)의 저서를 라틴어로 강연해야 하는 규칙이 지켜지고 있었다. 그러나 파라켈수스는 약품으로 더럽혀진 잿빛 작업복에 검정색의 허름한 베레모를 쓴 차림새로 학생들 앞에 나타났다. 그리고 이 때문에 그와 그 주변에 비난이 쏟아졌다.

그러나 파라켈수스는 항간의 보수적인 의사와 대학 당국을 적으로 돌리며 과감한 투쟁을 시작했다. 종당에는 성 요한 축제일에 학생을 부추겨 당시 의학 분야 최고 권위자인 아비센나(Avicenna, 아라비아명 이븐 시나[Ibn Sina], 페르시아 태생의 철학자이자 의사-역주)의 『의학정전(The Canon of Medicine)』을 모닥불 속에 던져버리고, 전통적 학문과 결별하려는 대담무쌍한 행동까지 감행했다. 그의 거만한 행동에는 거침이 없었다. "신이 나를 의사로 임명했다. 나는 의사계의 군주다"라고 그는 자신의 저서 곳곳에서 호언장담하고 있다.

파라켈수스는 평생에 걸쳐 방랑 생활을 이어간 인물이었다. 그의 발자취는 독일, 이탈리아, 프랑스, 네덜란드, 포르투갈, 영국, 스웨덴, 폴란드에서 머나먼 아시아에까지 이르고 있다. 흑해 연안 대초원에서 타타르인에게 붙잡혀 모스크바로 끌려갔다가 훗날 타타르 왕자와 함께 콘스탄티노플로 건너왔다는, 그야말로 모험소설 같은 전설도 있다. 콘스탄티노플에서는 어느 유명한 강신술사의 집에서 기거했던 모양이다. 이 무렵(1521년) 파라켈수스가 어떤 삶을 살았는지는 전혀 알려져 있지 않다. 심지어 터키 궁정에서 환관으로 지냈다는 설도 있다.

"누가 뭐라 해도 나는 아시아에도, 아프리카에도 가지 않았다"라고 파라켈수스는 시치미를 뚝 떼고 있지만, 헬몬트(Jan Baptista van Helmont)에 의하면 그는 콘스탄티노플에서 '현자의 돌'을 손에 넣었다고 한다. 1598년 스위스 로르샤흐(Rorschach)에서 간행된 『황금 돛』이라는 책에도 그가 살로몬 프페이페르 혹은 트리스모시누스라는 인물로부터 '현자의 돌'을 받았다는 이야기가 마치 사실인 양 그럴싸하게 기록되어 있다.

그야말로 방랑의 천재라고 부를 만한 인물이었다. 그는 같은 마을에서 3, 4개월 이상 결코 머문 적이 없었다고 한다. 하지만 생각해보면 참으로 신기한 일이다. 가톨릭이나 보수 세력으로부터 그토록 미움을 받았고 주위에 온갖 적들로 에워싸인 상태였건만 그는 유럽 전역의 귀족들이나 거상의 집들을 전전하면서도 어디를 가든 결코 냉대를 받은 적이 없었다. 이런 사실엔 그저 놀랄 따름이다. 물론 그의 탁월한 의술 덕분이었겠지만, 그와 동시에 그가 일종의 비밀결사에 속해 있었을지도 모른다는 추측도 충분히 가능하다.

중세에는 상호부조의 정신에서 발족된 동업조합이 각지에 존재했다. 그중에서도 프리메이슨이라 불리는 건축가와 석공의 조합은 대교회당 건축이 한창이었던 8세기 이전부터 이미 존재하고 있었고, 국왕과 교황으로부터 다양한 특권을 부여받았다. 건축술은 '왕의 기술'이었으며, 그 비밀은 기술을 이어받을 자격이 있는 자에게만 전수되었다.

어떤 형식으로든 이런 비밀결사적인 단체에 속해 있으면, 설령 이단적 사상을 품고 있었다 하더라도 건축이라는 직업적 특성상 관대한 대우를 받는 것이 보통이었다. 이 때문에 정통 가톨릭교회에 비해 다소 약한 입장에 있던 카발라(Kaballa) 학자나 연금술사들이 이런 동업조합에서 일종의 피난처를 찾으려 했던 것은 지극히 당연한 결과였다.

당시엔 여행을 하려면 이런 조직에 의존해야 했다. 조직 가입자는 암호나 배지 등을 제시하면 어디를 가다라도 숙소를 구할 수 있었다. 반대로 직인조합이나 비교(祕敎) 단체 측에서도 미지의 지식을 얻기 위해 적극적으로 외국인들과의 교류를 희망하고 있었다. 따라서 기술이나 사상 측면에서 일종의 국제 교류가 은밀한 사회 이면에서 활발히 이루어지고 있었던 셈이다. 이런 경향은 프랑스혁명 때까지 이어졌기 때문에, 그 유명한 괴테의 『빌헬름 마이스터의 편력시대』 등도 이런 배경에서 태어났다고 할 수 있다.

파라켈수스가 이런 부류의 비밀결사에 속해 있었다는 증거는 없지만, 언어나 습관이 전혀 다른 외국을 자유롭게 활보하며 가는 곳마다 인텔리 귀족들에게 극진한 대접을 받았고, 여러 도시에서 당시의 일류화가들(루벤스, 틴토레토[Tintoretto] 등)에게 초상화를 그리게 했다는 사실의 이면에는 이런 억측을 거의 기정사실로 만들 근거가 있다고 봐도 지장이 없지 않을까 싶다.

어쨌든 중세의 기반이 서서히 무너지기 시작하고 있던 격동의 시대에 파라켈수스처럼 고집스럽고 고독한 하나의 정신이 마치 유성처럼 창백한 빛을 발하며 세계 각지를 유랑했던 것이다. 듣기만 해도 흥미를 느끼지 않을 수 없는 화제라고 할 수 있다.

한편 파라켈수스가 기적적으로 병을 고친 사례는 상당히 많은데, 그중에서도 유명한 것은 바젤의 저명한 출판업자이자 문예부흥의 추진자이기도 했던 요한 프로벤(Johann Froben)의 사례다.

프로벤은 오른쪽 다리 골절로 고생하고 있었는데 마을 의사들의 치료로는 전혀 효험이 없었다. 때마침 그의 집에 기거하고 있던 자가 최고의 명성을 자랑하던 당대의 대학자 에라스무스였다. 에라스무스는 수년 전 옥스퍼드에서 만났던 파라켈수스의 이름을 떠올린 후, 친구를 위해 사람을 시켜 고명한 의사를 바젤로 불러들였다. 파라켈수스가 치료에 임하자 프로벤의 상처는 즉각 효험을 보였다.

이후 에라스무스는 그를 완전히 신뢰하게 되었고 종종 편지를 보내 병에 관해 상담했다. 프로벤의 집에는 종교개혁운동에 참가하고 있던 새로운 시대 학자들이 자주 드나들고 있었다. 파라켈수스가 이 학자들과 친분을 맺을 수 있었던 경위는 충분히 짐작할 수 있을 것이다.

시간이 훨씬 흐른 후 괴테가 파라켈수스로부터 지대한 영향을 받았다는 흔적은 그의 일기나 자서전 등에서도 쉽게 찾아볼 수 있다. "불의 요정 샐러맨더(Salamander)여 불 타거라. 물의 요정 운디네여 굽이쳐라. 바람의 요정 실프여 사라져라. 흙의 요정 코볼트여 힘쓰라"라는 파우스트의 4대 주문도, 괴테가 파라켈수스 일파의 자연관에서 가져온 것임에 틀림없다.

물론 아리스토텔레스 이후의 우주 4원소를 자연철학에 도입한 것은 파라켈수스의 선배 격인 아그리파였다. 파라켈수스 본인은 오히려 4원소보다 연금술적 3원소(즉 물질을 유동적으로 만드는 수은, 가연성을 부여하는 유황, 응고시키는 소금 등 세 가지)를 중시했다.

구키 슈조(九鬼周造, 일본의 철학자-역주) 박사에 의하면 "파라켈수스에게 자연철학의 근간을 이루고 있는 것은 반대 원리와 발전 사상, 개체의 원리 등 세 가지"라고 하는데, 여기서는 철학적 논쟁에 관해서는 깊이 들어가지 않겠다.

그보다는 괴테와 관련해 파우스트의 제자 바그너가 병 속에서 물질을 조합해 제조한 소인(小人) 호문쿨루스(제2부 실험실)에 대해 살펴보면, 역시 파라켈수스의 『물성에 대해서』라는 저술에서 찾아볼 수 있다. 괴테가 파라켈수스의 사상에서 힌트를 얻었다는 사실은 여기서도 알 수 있다.

"남자의 정액을 증유기 안에 40일간 밀봉하라. 이윽고 정액이 부패하면서 눈에 띄게 생동하기 시작할 것이다. 그다음 인간 같은 형상을 갖춘 것이 나타나는데, 그것은 투명하고 거의 실체가 없다. 그러나 이 새로운 생성물을 조심스럽게 인간의 피로 배양하고, 40주 동안 말의 태내처럼 일정한 온도를 유지하면, 여성이 낳은 아이와 똑같이 사지를 갖춘 살아 있는 아이가 될 것이다. 단, 몸은 아주 작다."

"이것이 성장해 지성을 갖출 때까지 세심히 신경을 써서 키워야 한다. 죄가 깊고 죽어 마땅할 인간에게는 이것이야말로 신이 계시한 최대의 비밀 중 하나다. 이 비밀은 항상 인간이 미처 알지 못한 바이긴 했으나, 반수신이나 물의 요정(님프) 등의 모습으로 고대인에게는 널리 알려져 있었던 것도 사실이다. 즉 그들이야말로 이런 생성물의 조상이다. 왜냐하면 이 호문쿨루스 중 어떤 것이 성년에 도달하면 이런 거인들이 되기도 하고 피그맨이 되기도 하기 때문이다."

"기술로 그들은 생명, 육체, 피, 뼈를 부여받는다. 기술로 태어난 그들은 선천적으로 기술 그 자체다. 이 때문에 사람들은 그들에게 가르칠 것이 전혀 없다. 오히려 그들에게 사람들을 가르칠 자격이 있다. 왜냐하면 그들은 마당에 있는 장미꽃처럼 기술을 통해 생긴 것이며, 기술로 생명을 유지하기 때문이다. 즉 그들은 인간 이상의 존재, 정령에 가까운 존재다."

독자분들은 이런 파라켈수스의 허황된 망상을 과연 그냥 웃어넘기고 말까. 새로운 생명의 창조는 중세 연금술사의 끊임없는 금단의 꿈이었을 뿐만 아니라, 19세기까지 계속 이어진 비교(祕敎) 철학의 핵심이기도 했다. 생각하기에 따라서는 경외의 대상인 신과 가톨릭교회에 대해 이보다 더한 모욕은 없을 것이다.

파라켈수스는 먼저 『자궁론』이라는 책을 저술하면서 남성과 여성의 육체적 차이점을 강조했다. 그의 표현에 따르자면 자궁은 하나의 닫힌 세계이자 창조적 정령(아르케우스[Archaeus])이 깃든 장소이므로 이 세계를 태내에 보존시키기 위해 만들어진 여성은 남성과는 본질적으로 다른 소우주(마이크로코스모[microcosm])다.

"여자는 과실을 지탱하는 나무와 같고, 남자는 나무에 매달리는 과실과 같다"라고 그는 설명했다.

따라서 그는 창조적인 남성의 정액을 여성의 자궁과 흡사한 장소로 옮기면 여성의 육체를 굳이 빌리지 않고도 인공적으로 생명을 만들어낼 수 있다고 생각했다. 전설에 의하면, 이리하여 그는 자신의 정액에 화학적 작용을 가해 실제로 태아를 만들었다고 한다.

알베르투스 마그누스가 만든 인조인간을 제자 토마스 아퀴나스가 부숴버렸다는 이야기는 앞서 소개했는데, 이 외에도 호문쿨루스나 생명 창조의 전설은 마술 역사에 다수 남아 있다.

예를 들면 고대 루시타니우스는 유리우스 카밀루스라는 남자가 만들어낸 소인 이야기를 전하고 있고, 파라켈수스 사상을 이어받아 스스로를 '불의 철학자'라고 칭한 벨기에 출신 헬몬트는 곡물과 바질(Basil, 꿀풀과에 속한 약초)로 쥐를 인공적으로 만드는 처방을 글로 남기고 있다. 아울러 19세기가 되면 헬레나 페트로바나 블라바츠키(Helena Petrovna Blavatsky) 부인이 그의 저서 『베일 벗은 이시스(Isis Unveiled)』에서 앤드루 크로스라는 사람이 인공적으로 진드기 같은 벌레를 만들어냈다는 이야기를 전하고 있다.

한편 파라켈수스를 포함한 오컬티스트들의 명예를 위해 굳이 한마디 변명을 하자면, 지구상에서의 생명의 기원과 발생의 문제는 진화론이나 루이 파스퇴르(Louis Pasteur)의 생물속생설(자연발생설에 대한 반박-역주)로도 완벽히 설명할 수 없다. 요컨대 무기원소에서 생물이 단독으로 발생한다는 자연발생설은 근래 다시금 유력시되기 시작했다. 광화학의 진보로 물과 탄산가스에 파장이 짧은 수은 램프를 대면 일종의 유기물이 합성된다. 아울러 러시아의 오파린(Aleksandr Ivanovich Oparin) 박사가 생물의 기본이 되는 단백질 합성에 큰 성과를 보였다는 것은 널리 알려진 사실이다.

단백질을 만드는 주역은 탄소인데, 지구 이외의 수많은 혹성 중에는 탄소 외의 물질, 예를 들면 규소처럼 기본 물질에 의해 진화된 생물이 존재할지도 모른다고 주장하는 학자도 있다. 우리가 사는 세계에서도 딱딱한 곤충 껍데기는 규소 때문에 생긴다. 그런 의미에서 곤충생물이나 규소생물 같은 존재가 광활한 별의 세계에는 존재할지도 모른다.

한편 프랑스의 유명한 생물학자 장 로스탕(Jean Rostand)은 근년의 저서에서 다음과 같이 설명하고 있다.

"글리세린으로 조제한 냉장법으로 정액 통조림을 만들어놓으면, 수백 년 전에 죽은 남자의 아이를 낳게 할 수도 있다. 향후에 난자를 이식할 수 있게 되면, 여자가 아이를 낳기 위해 타인의 자궁을 빌릴 수 있는 날도 올 것이다. 사람들이 희망한다면 아비가 없는 생식, 배아의 분별 증류, 인간의 삽목, 부분적 또는 전체적인 태생(어미의 자궁 안 이외에서 발생, 혹은 저장용 병 임신에 의함)의 실현이 가능해질 것이다."(『사랑의 동물지』)

이런 내용을 읽어보면 파라켈수스의 실험 정신을 아무도 비웃을 수 없을 것이다! 이렇게 태어난 '선천적으로 기술적인' 아이는 기존의 인간 개념에서 크게 벗어난 '정령'적인 존재일지도 모르지 않을까? …

파라켈수스의 죽음을 두고 소문이 분분했다. 선술집에서 싸움을 하다 살해됐다는 설도 있었다.

그의 명성을 시기한 독일의 잘츠부르크 의사단이 얼치기 손에 돈을 쥐어주어 술에 취한 그를 때려죽이게 했다던가, 높은 곳에서 밀어버렸다는 설도 있다. 그가 항상 술에 절어 있었다는 소문은 유명했다.

19세기 초 죔머링(Samuel Thomas von Sömmering) 박사가 당국의 허가를 얻어 무덤 속에 있는 파라켈수스의 유해를 꺼내 두개골을 조사해보았더니 후두부에 외상의 흔적이 있었다. 그래서 그런 소문에도 근거가 있는 것으로 여겨졌다.

그러나 이후 칼 아바레 박사가 4회에 걸쳐 재조사한 후, 후두부에 난 상해는 구루병 때문이라고 증언했다. 만약 구루병으로 죽은 것이 아니라 두개골이 깨져 살해된 것이라면, 죽기 3일 전 그가 공중인에게 유언을 남겼다는 사실은 어떻게 설명해야 한단 말인가. 이것이 아바레 박사의 의견이었다.

하지만 이 의견에 의문을 제기한 사람도 있다. 과연 그 유언은 정말로 그가 남긴 것일까? 만약 구루병으로 생긴 후두부 상해가 그 정도로 진행되었다면 당연히 흉곽이나 손발도 현저히 변형되어 있어야 하지 않을까?

그리고 애당초 아바레 박사는 어째서 무려 네 번씩이나 유해를 조사해야 했을까. 거기에 뭔가 조작의 여지가 있을 수도 있다. 파라켈수스가 살해된 것이 증명된다면, 그 책임을 져야 할 사람은 과연 누구일까. 파라켈수스가 타살되었다는 이야기를 희석시키고 굳이 병사설을 퍼뜨리려는 어떤 의도가 있었던 것은 아닐까.

어쨌든 파라켈수스는 죽어서까지 수수께끼를 남긴 사내다. 그야말로 기괴한 인물임에 틀림없다.

군돌프(Gundolf Friedrich)는『젊은 시절의 괴테』에서 다음과 같이 기술하고 있다. "1770년 스트라스부르(Strasbourg)에서 쓴 괴테의 일기는 파라켈수스를 비롯한 여러 신비주의자나 화학자들에게게서 발췌한 내용을 포함하고 있다. 어두운 예감이 괴테로 하여금 신, 그리고 세계의 신비를 규명하려는 방향으로 향하게 했다. 물론 결코 온당하다고는 할 수 없는 방법이었다. 종교적인 측면에서 그를 신비주의자들에게 매료시키게 만들었던 것과 과학적인 측면에서 그를 화학자로 이끌었던 것은 결국 동일한 것이었다. 즉 공인된 신학이 독단적으로 고정하고, 공인된 경험이 소재적으로 분해한 것 안에 존재하는 정신적 통일로 향한 충동이었다."

'어두운 예감'과 '정신적 통일로 향한 충동'이 훗날 에르빈 구이도 콜벤하이어(Erwin Guido Kolbenheyer) 같은 나치스 문학자로 하여금 파라켈수스 연구에 참여하게 했던 것이다. 정치에서의 형이상학적 자기중심주의나 독재라는 관념은 마술일 수밖에 없다. 여기에 파라켈수스를 모델로 삼아 니체를 최후의 예언자로 여겼던 독일 정신의 깊은 비밀이 존재한다.

밀랍인형의 저주

<그림 43> 여자 요술사. 뒤러(Albrecht Dürer) 그림

요술 현상에 성적 요소가 종종 섞여 있는 것은 미슐레(Jules Michelet) 등도 이미 지적한 바 있다. 예컨대 '주술'의 종류에는 사랑의 주술과 증오의 주술이 각각 존재하는데, 사랑의 주술은 좋아하는 상대를 소유하기 위한 주법(呪法)으로 일반적으로 성과 관련이 있는 모든 주법을 그렇게 부르기도 한다.

사랑의 주술 중에서 중세 이후 가장 널리 알려진 것은 가느다란 끈을 사용하는 '매듭 주술'이다. 이른바 불능의 주술, 성 장애의 주술인데, 이런 저주를 당하면 남성의 성기가 위축되어 성행위가 불가능해진다. 예를 들면 좋아하는 여자를 다른 남자에게 빼앗긴 자가 여자 요술사에게 부탁하여 이 주술을 걸어달라고 한다. 그러면 결혼한 남자는 원인 불명의 상태로 부부생활이 불가능해진다.

마법서 『소(小) 알베르투스』에는 다음과 같은 '매듭 주술' 실행법이 기록되어 있다. 해당 부분을 인용해보면 다음과 같다. "갓 죽인 늑대 음경을 도려내라. 그런 다음 네가 저주의 대상으로 여기고 있는 남자에게 다가가 그의 이름을 불러라. 그가 대답하면 즉시 흰 끈으로 늑대의 음경을 묶어라. 그러면 그 남자는 거세당한 상태나 마찬가지로 성불구자가 될 것이다."

해당 마법서에 의하면 이 신비한 주술에 관해 특별한 액막이 방법이 있다고 한다. 즉 남편 측이 족제비 오른쪽 눈알이 박힌 반지를 끼고 있으면 제아무리 용한 요술사가 주술을 걸어도 '매듭 주술'은 전혀 효력을 발휘할 수 없다는 것이다.

생식력을 갖는다는 것은 그것에 의해 영원한 생명을 보장받고, 시

<그림 44> 사랑의 주술(왼쪽)과 증오의 주술(오른쪽)

공간 속에서 자신의 영원성을 확립한다는 의미다. 반대로 상대의 생식력을 빼앗으려고 하는 '매듭 주술'에도 모든 흑마술에 공통적인 '지배와 권력의 욕망'이 단적으로 드러나 있다는 사실을 인지할 수 있을 것이다. 성 아우구스티누스나 성 크리소스토모스(Saint John Chrysostom), 성 히에로니무스(Saint Hieronymus) 등 초기 기독교 설교자들도 이런 '매듭 주술'을 매우 경계했다고 하니, 이런 사실을 접하는 우리로서는 다소 의외라는 느낌을 지울 수 없다.

상대를 성불능 상태로 만드는가 싶은 주술이 있었던 한편에선, 성교 중 남녀를 딱 달라붙게 해 아예 떨어지지 못하게 하는 주술 방법도 있다. 16세기 말 유명한 악마학자 피에르 드랑크르(Pierre de Lancre)가 기괴한 증언을 남기고 있다.

"타란토(Taranto) 지방에서는 성적 결합이 너무 강한 나머지 종종 교미하는 개처럼 떨어지지 않게 된 남녀를 봉 하나에 매달아놓았다. 마치 그들의 죄의 무게를 재는 천칭(저울)처럼 한쪽에는 남자를, 다른 한쪽에는 여자를 매달아놓고 공개적인 웃음거리로 만들었다. 조소와 욕설, 환성이 난무했다. 신이 악마의 손을 빌려 마치 고문집행인처럼 죄를 범한 남녀에게 형벌을 가하는 것 같았다."

본의 아니게 떨어지지 못하게 된 남녀는 가엾기 그지없었다. 드랑크르에 의하면 그들이 달라붙어버린 것은 악마에게 홀렸기 때문이라서, 이것 역시 중대한 죄였다. 근대 의학에서는 이런 현상을 질경련이라 부르는데, 아무리 봉건시대라 해도 이런 모습을 구경거리로 만드는 것은 차마 해서는 안 될 인권유린이다.

사랑의 주술로 큰 성공을 거둔 요술사로 카르멜 수도회의 성직자 리코르디라는 자가 있다. 14세기 초엽 그는 프랑스 카르카손(Carcassone)과 툴루즈(Toulouse)에 사는 미녀들을 빼닮은 모형을 만들어 마왕 사탄에게 바쳤다. 두꺼비 피에 자신의 코피와 침을 섞어, 그 혼합액에 모형을 듬뿍 적셨다. 그러면 악마가 모형 속으로 들어간다고 생각했다. 밤이 되면 카르멜 수도사가 여자들 집 앞으로 가서 그 모형을 문 입구에 둔다. 그러면 여자들은 마치 몽유병 환자의 걸음걸이로 걸어 나와 그의 팔에 몸을 던졌다. 리코르디는 악마에게 감사의 마음을 전하기 위해 나비 한 마리를 죽여 제물로 바쳤다고 한다. 그러나 이 남자도 결국 고발당해 죄를 자백한 후 종신형에 처해졌다.

"만약 여자가 처녀라면 새 밀랍으로 인형을 만들어라. 처녀가 아니라면 일반 밀랍을 쓰면 된다"라고 마법서 『솔로몬의 열쇠』에 기록되어 있다. 인형을 만들었으면 사랑과 간음을 관장하는 신인 베누스(Venus, 비너스), 아모르(Amor), 아스타로트에게 기도를 올린다. 그리고 밀랍에 여자의 모습을 새겨 다음과 같이 제를 올리는 주문을 외운다.

"오, 그대여, 동방을 지배하는 왕 오리엔스(Oriens)여, 서방의 왕 파이에온(Paieon)이여, 남방을 통치하는 대왕 아마이몬(Amaimon)이여, 오 그대여, 북방을 다스리는 아이기나(Aegina)여, 은밀히 그대에게 비나니, 진정 강력한 주님(Adonai)의 이름으로 나의 소망을 이루기 위해, 이 인형 속에 그대를 모실 수 있기를."

이리하여 머리맡에 여자의 모형을 놓아두면 그녀는 삼일째 되는 날 오거나, 여의치 않으면 편지를 보내온다고 한다. 동서남북을 관장하는 신들에게 비는 이유는 원하는 여자를 사방에서 에워싸 어디로도 도망가지 못하게 하려고 했기 때문이다.

때로는 모형에 심장 모양을 그려 넣어 레몬 나무 가시로 찌르면서 다음과 같은 주문을 외우는 경우도 있다. "내가 찌르는 것은 네가 아니라 심장이다, 혼이다, 다섯 감각기관이다. 나의 소망이 이루어질 때까지, 네가 아무것도 할 수 없도록….'

요한 바이어(Johann Weyer)에 의하면, 베누스(비너스)의 시각에 밀랍으로 모형을 만들어 여자의 이름과 마법의 기호를 새겨 넣은 다음 아궁이 옆에서 열을 가해 녹이는 사랑의 주술 방법도 있다고 한다. 근대 마법사들 중에는 자신이 만나고 싶은 여자 이름을 부르면서 그녀의 사진을 불구덩이에 던지는 방식을 애용한 자도 있었다고 한다.

머리카락도 사랑의 주술에 재료가 되곤 했다. 자신의 머리카락과 여자 머리카락을 한데 묶거나, 소량의 여자 머리카락을 제단에 바친 다음 기도를 올리면 그녀의 마음을 현혹시킬 수 있다고 믿었다. 머리카락 신앙은 오래전 조로아스터교 이후에 계속 이어진 신앙이었다. 그래서 중세 사람들은 빗에 머리카락이 달라붙어 있으면 그것이 요술사 손에 들어가지 않도록 반드시 제거했다. 프레이저에 의하면 원시 부족 사이에서도 머리를 자르거나 손톱을 깎으면 마법에 희생될 수 있다는 민간 신앙이 널리 퍼져 있었던 모양이다. 아마도 인간의 신체 부위 중 성장 속도가 유독 빠른 머리카락이나 손톱은 인간의 개체와는 별개의 독립된 기생물로 취급했던 경향이 있었던 모양이다. 바로 그 점 때문에 뭔가 섬뜩한 느낌을 불러일으키는 원인이 되기도 했을 것이다.

사과 역시 에로틱한 상징물로 자주 취급된다. 유명한 성 앙투안(Saint Antoine)의 유혹화에도 미녀가 은자에게 붉은 나무 열매를 내미는 모습이 종종 보인다. 요술재판관 앙리 보게(Henri Boguet)에 의하면, 이것은 "사탄이 인류 조상인 아담과 이브를 유혹했을 때의 방법을 다시금 쓰는" 것에 지나지 않는다.

『솔로몬의 열쇠』에 의하면, 사과는 따기 전 향유를 뿌려 좋은 냄새가 나게 하는 편이 좋다. 그런 다음 요술사는 다음과 같은 주문을 외운다. "오, 아담과 이브를 창조하신 신이시여. 일찍이 이브가 아담과 악을 나누어 그로 하여금 죄를 짓게 한 것처럼, 이 열매를 먹는 자 또한 나의 의지대로 행하게 하소서."

다음과 같은 방법도 있다. "베누스의 날(금요일), 해가 뜨기 전 일어나 과수원에 들어가 제일 예쁜 사과를 딴 다음, 그것을 네 조각으로 잘라 심을 제거하고, 대신 성스러운 기호와 이름을 적은 문서를 집어 넣어라. 그리고 나서 다음과 같은 주문을 외우면서 두 개의 바늘로 열십자(+)로 열매를 뚫어라. "내가 찌른 것은 그대가 아니다. 아스모데(악마-역주)가 나의 사랑하는 자의 심장을 찌르는 것이다." 그리고 다음과 같은 주문을 외우면서 사과를 불 속에 던져라. "내가 태우는 것은 그대가 아니다. 아스모데가 이 사과를 태우는 것처럼,

이 여자의 마음속에 있는 나의 사랑을 불타오르게 함이니라."

다음과 같은 방법도 있다. "히포마네스(망아지 이마 군살)라고 불리는 고깃덩어리를 말린 후 분말로 갈아, 그것을 붉은 사과의 중심에 채워 넣는다. 열매의 4분의 1을 네가 네 마음대로 하고 싶은 여자에게 먹이면 된다. 혹은 이 분말을 물에 탄 후 그녀로 하여금 마시게 하면 된다. 아니면 분말 상태로 가지고 있다가 그녀의 의복이나 피부에 문질러주면 된다."

마편초나 헤르마프로디투스라 불리는 식물은 별도의 주문을 외우지 않아도 사랑의 마력을 보여준다고 전해진다. 저명한 연금술사 헬몬트(Jan Baptista van Helmont)가 이런 식물의 사용법과 그 효과에 대해 다음과 같이 설명하고 있다. 물론 이는 자연마법 영역에 속할지도 모른다.

"손으로 으깨면 따뜻해지면서 열기를 띠기 시작하는 식물이 있다는 사실을 나는 알고 있다. 만약 그대가 그런 손으로 타인의 손을 잡으면, 그대에 대한 애정이 그 사람 손에 전해져 며칠 동안이나 그 사람은 꿈속에서 그대를 그리워하게 될 것이다. 그런 특성을 가지고 있는 식물이다. 내가 자그마한 개의 다리를 잡아보았더니, 그 작은 개가 끈질기게 나를 따라다녔고, 밤새도록 침실 앞에서 멍멍 짖어대는 것이었다. 결국 문을 열어줄 때까지 짖기를 멈추지 않았을 정도다."

있는 그대로의 진실을 말하자면, 이런 주술들의 트릭은 인간의 육체적 밸런스를 깨뜨려 정신적으로 소모시킴으로써 은밀히 상대방

<그림 45> 퇴마

의 의지를 약하게 한다. 에로틱한 악마도 건강한 남녀에게는 범접할 수 없다. 마법에 걸릴 위험이 발생하는 것은 정신이나 의지력이 약해진 순간, 즉 마법서의 표현을 빌리자면 "하얀 아이가 붉은 아이를 죽인" 순간이다. 이는 하얀 림프액이 붉은 피를 압도하는 것, 즉 빈혈을 의미한다.

쥘 부아에 의하면, 주술이란 "어떤 인간의 의지가 타인의 의지를 뒤덮는 것"을 말한다. 즉 하나의 의지가 다른 의지에 정복당해버리면서 새로운 주인을 섬기기 위해 엉겁결에 육체를 빠져나오는 것이다. 따라서 주술이란 주술사 입장에서 보면, 어느 혼령이 황폐한 지방으로 향하는 신비한 유체 원정이기도 하다. 압도적인 힘을 가진 주술사의 유체는 순식간에 약한 적의 유체를 포박해 작은 수레에 태워 자신의 진지로 데려가 감옥에 가두어버린다. 이 감옥이 바로 주술사가 이용하는 밀랍인형인 것이다. 밀랍인형 속에 갇힌 하나의 연약한 의지는, 마치 미사의 성체 빵 속에 모셔진 그리스도처럼, 강한 의지의 소유자인 주술사(사제)라는 매개를 통해 마왕(신)에게 제물로 바쳐진다. 주술이란 희생의 하나의 형식에 지나지 않는다. 하얀 마술도, 검은 마술(흑마술)도 절차상의 법칙은 완전히 동일하다.

한편 증오의 주술은 어떤 것일까. 사랑의 주술에 대해 살펴보았으니 증오의 주술에 대해서도 알아보자.

증오의 주술에도 역시 밀랍인형이 이용된다. 요술사는 적의 형상을 담은 새로운 밀랍을 반죽한다. 적의 모습과 아주 똑같이 닮을수록 바람직하다. 비슷한 존재들 사이에는 신비한 관계가 성립되기 때문이다. 인형은 모델이 부여받아야 할 비적(秘蹟, 하느님의 은혜를 신자들에게 베푸는 의식, 새크러먼트[sacrament]-역주)과 똑같은 비적을 받아야 한다.

우선 인형에는 저주의 문장이 새겨진다. 가능한 한 적의 의복 일부를 입수해 그 자그마한 밀랍인형에게 입혀주면 좋다. 인형 머리에는 적의 머리카락 두세 가락을, 인형 손가락에는 적의 손톱 조각을, 인형의 입에는 적의 치아 한두 개를 각각 이식하면 된다. 그렇게 하고 다음과 같이 외운다.

"아라톨, 레피다톨, 덴타톨, 소무니아톨, 도크톨, 코메스톨, 데보라톨, 세도크톨, 파괴와 증오의 친구이자 집행인이여, 저주를 행하고 불화의 씨앗을 뿌리는 자여. 내가 그대들에게 기원하노니, …의 증오와 불행을 위해, 그대들이 이 분신(밀랍인형-역주)에 비적을 내려 축성을 주기를"(마법서 『위대한 열쇠』에서 발췌).

당연히 '…' 부분에는 적의 이름이 들어간다. 이런 식으로 바늘이나 못으로 밀랍인형의 신체 여기저기를 찌르다가 심장 부분에 최후의 일격을 가한 후 불 속으로 던져버린다. 밀랍인형의 신체가 완전히 녹아내린 순간, 저주받은 자도 죽는 것이다. 밀랍인형을 다 녹이지 않은 상태에서 저주의 말을 실컷 퍼부은 다음 적이 살고 있는 집 근처에 묻어두는 방법도 있다.

요한 바이어(Johann Weyer)는 증오의 주술에 대해 다음과 같이 기술하고 있다. "자신이 해하고 싶은 상대와 비슷한 형태를 만들어 나쁜 짓을 하려는 사람들이 있다. 아직 사용한 적이 없는 새 밀랍으로 초상을 만들어 초상의 오른쪽 겨드랑이에 제비 심장을 놓는다. 그리고 이 초상을 헌 끈이 아니라 새 끈에 매달아 자기 목에 걸고, 새바늘로 초상의 몸통 여기저기를 찌른다. 그때 어떤 주문을 외우는데 호기심 왕성한 사람이 함부로 흉내 내면 안 되니, 주문의 문구 소개는 생략하기로 하겠다.”

밀랍인형으로는 뭔가 생기가 없고 차갑고, 살아 있는 사람이라는 느낌이 들지 않아 아쉬운 느낌이 들면 동물의 심장을 쓰면 된다. 뚝뚝 흐르는 피와 꿈틀꿈틀 움직이는 살은 요술사로 하여금 한층 주술에 몰입하게 만들 것이다. 두꺼비, 뱀, 올빼미, 쥐 등이 예부터 자주 애용되었다.

두꺼비를 활용하는 주술에 대해서는 16세기 귀신론자 마틴 델 리오(Martn[Martino] Del Rio)가 흥미로운 에피소드를 글로 남겼다.

“이스트리아(Istria)에 있는 성 게르미나스 마을에 젊은 사내가 살고 있었는데, 어느 여자 요술사에게 홀딱 반해 아름답고 정숙한 아내와 자식들까지 버리고 이 요술사와 아예 살림을 차려버렸다. 가족 따윈 완전히 잊어버린 것 같았다. 마침내 이 사내의 아내는 이 모든 것이 저주 때문일지도 모른다는 사실을 문득 알아차렸다. 남편 살림집에 찾아와 몰래 집 안을 살펴보던 아내는 그의 침대 밑에서 단지 안에 갇힌 두꺼비 한 마리를 발견했다. 두꺼비의 눈은 봉합되어 있었다. 아내가 두꺼비의 눈을 뜨게 해준 다음 불 속에 넣고 태워버리자, 갑자기 기억을 되찾은 남편은 마법에서 깨어나 가족 품으로 돌아왔다고 한다.”

이런 식으로 묻어둔 것이 발견되면 마법의 효력이 떨어진다는 것이 일반적인 통념이다. 그뿐만 아니라, 만약 이런 일이 생기면 주술사까지 매우 위험해진다. 17세기 말의 유명한 '오크사건'은 그 전형적인 사례다.

오크는 파시(Passy) 지방의 양치기였다. 요술을 행한 범인이라는 이유로 감옥에 갇혔는데 어느 날 같은 감옥에 있던 죄수 베아트리스라는 사내와 술을 마시다 자기도 모르게 덜컥 자신의 비밀 이야기를 죄다 주절주절 떠들어대고 말았다. "알겠나? 내가 사용한 마법약은 말이야, 성수와 성체 빵 조각, 동물의 똥, 썩은 쌀, 율무를 섞어 만들었지. 우리 사이에선 이 묘약을 '아홉 개의 도술' 혹은 '천신환'이라 부른다네. 단지에 넣어 파시 지방의 한 마구간 안에다 묻어두었지. 절대 비밀이야. 아무한테도 말하지 마."

오크의 입을 열게 한 사내는 실은 재판소 스파이였다. 그길로 스파이는 파시 지방 영주에게 보고했고, 영주는 마법서를 읽을 줄 아는 '철완(무쇠팔)'이라는 사내를 기용해 그의 손으로 매장되어 있는 것을 발굴하도록 했다. 오크의 말대로 마구간 바닥 밑에서 단지가 나왔다. 단지 안의 물건은 태워졌다. 마침 그 순간 멀리 떨어진 파리의 감옥에 있던 오크가 기괴한 경련과 발작을 일으키더니 순식간에 숨을 거두고 말았다.

이런 식으로의 주술의 금기가 깨지면 허공을 헤매던 유체가 갈 곳을 잃고 엄청난 에너지가 되어 주술자에게 역류해오는 경우가 있다. 마술 용어로 이것을 '역행의 충격'이라고 한다. '역행의 충격'은 종종 어설픈 마술사를 죽게 만들 정도로 위험하고 강력해진다. 벨기에의 리에주(Liege) 부근에 '역행의 노트르담'이라는 수도원이 있는데, 거기에 모셔진 성모마리아 상 앞에서 기도를 바치면, 자신을 해하려던 저주가 튕겨져 반대로 상대한테 되돌아간다고 한다.

'역행의 충격'을 피하려면 주술사는 과연 어떻게 해야 할까. 19세기 대학자 스타니슬라스 드과이타(Stanislas de Guaita)에 따르면 제2의 보조적인 저주의 대상을 미리 확보해두고, 제1의 주술 금기가 깨졌을 경우를 대비해야 한다고 한다. 즉 유체 역행을 제2의 대상이 받을 수 있도록 해야 한다는 것이다. 또 다른 의견으로는 주술을 행하는 동안 마법 서클 안에서 절대로 나가지 않도록 하고, 자기 주위에 일종의 영기(아우라[Aura])의 막을 쳐서, 역행하는 유체의 에너지를 되돌리도록 해야 한다. 일단 일반적으로 통용될 수 있는 것은 이 정도밖에는 없는 모양이다.

한편 유럽 궁정에 저주술을 유행시킨 사람은 카트린 드메디시스의 총애를 받았던 이탈리아인 코시모 루게리(Cosimo Ruggeri)라고 전해진다. 그는 여러 번 고문을 받은 끝에 결국 카트린의 명으로 행했던 주술의 비법을 고백했다.

그 무렵 영국에서는 글로스터 공작 부인이 감옥에 갇혔다. 이유는 자신의 남편을 하루라도 빨리 왕위에 즉위시키기 위해, 영국왕 헨리 6세(Henry VI)를 밀랍인형으로 저주했기 때문이다.

마리 드메디시스의 총애를 받았던 요부 레오노라 갈리가이(Leonora Dori Galigai) 역시 궁정에 있던 많은 사람들을 밀랍인형으로 저주한 죄로 1617년 그레이브 광장에서 화형에 처해졌다. 당시 그녀는 끝까지 무죄를 주장하며 "나는 그저 연약한 영혼을 지배하는 강인한 영혼을 지니고 있었을 뿐입니다"라고 큰소리쳤다. 그러나 재판관에게는 그것이 이미 요술사로서의 첫 번째 자격조건이었다.

데카르트나 보슈가 살았기에 '이성의 시대'로 여겨지는 17세기에도 주술로 분류될 수 있는 요술의 예는 결코 적지 않았다. 명성이 자자한 독살마 브랭빌리에(Brinvilliers) 후작 부인은 한 파계 사제에게 부탁해 성체 빵 위에 두 연인의 이름을 올렸다. 이렇게 그녀는 흑미사를 올린 후, 이 빵을 진실하지 못한 애인에게 먹였다.

1619년 어느 여름날 밤, 생제르맹데프레 성당(Eglise St-Germain-des-Prés, 파리에서 가장 오래된 성당-역주)의 묘지 관리인이 정체를 알 수 없는 핏덩어리 고기를 구덩이에 버리고 있는 세 명의 노파를 발견했다. 그날은 마침 달이 휘영청 밝은 밤이었다. 관리인은 노파들을 붙잡고 구덩이 안을 살펴보았다. 그러자 긴 바늘과 못이 가득 박힌 양의 심장이 나왔다. 한 여자 요술사는 그것이 주술에 필요한 도구였다고 고백했다.

비슷한 시기의 일이었다. 어느 젊은 영국 귀족에게 원한을 품은 한 여자가 남자의 왼쪽 장갑을 훔쳐 끓는 물에 담근 후, 바늘로 장갑의 사방을 찔러 구멍을 낸 다음 저주의 말과 함께 땅속에 묻었다. 얼마 지나지 않아 영국 귀족은 자신의 손이 원인을 알 수 없는 묘한 상처로 뒤덮이기 시작한 것을 알아차렸다. 순식간에 상처는 점점 크게 번져 그 귀족은 결국 죽음에 이르렀다고 한다(마가레트, 플로바 공저

『놀라운 발견』1619년).

　1610년에 인쇄된『토용(土用) 제2일』이라는 책에는 어느 여자 요술사의 저주로 내장 여러 곳에 구멍이 생겨 극심한 고통을 겪었던 한 여자의 이야기가 나온다. 근처 도기공이 그녀의 집 대문 주위를 살펴보니, 바늘구멍투성이의 초상화 한 점이 나왔다. 즉시 이것을 불에 태우자 여자의 고통은 씻은 듯이 사라졌다고 한다.

성녀와 푸른 수염의 남작

질 드레(Gilles de Rais)의 초상 I

<그림 46> 여자 요술사의 화형

샤를 페로(Charles Perrault) 동화의 '푸른 수염'이라는 이름으로 친숙한 중세 프랑스 귀족 질 드레(Gilles de Rais)는 역사상 가장 흉악하고 잔인한 유아 학살자로 유명하다. 그는 15세기 굴지의 예술 애호가이기도 했고, 악마 예배와 연금술의 열성적이었던 탐구가이기도 했다.

바로 그 점이 질 드레라는 인간의 흥미로운 점이다. 이하 우리는 15세기라는 마술 전성시대이자 중세 암흑기를 통해 이런 엄청난 괴물이 어떤 인간 형성기를 거쳤는지 살펴보고자 한다.

질의 소년 시절엔 불확실한 부분이 많다. 1404년이 끝나갈 무렵, 앙주(Anjou) 지방에 있는 샹토세성에서 태어났다는 기록이 있다. 질이 태어난 가문은 프랑스의 오래된 명문 혈통의 집안이었다. 그는 '검은 탑'이라고 불리는 성안의 한 방에서 태어났다. 1414년에는 남동생 르네가 태어났다.

질이 열 살 되던 해, 부친은 사냥하다 멧돼지에게 물려 죽었다. 얼마 후 모친이 질과 동생을 버리고 재혼하는 바람에 졸지에 외조부장 드크란이 어린 형제의 후견인이 되었다(일설에는 모친이 동생 르네를 낳고 얼마 후 죽었다고도 전해진다). 그런데 이 노인은 봉건사회의 퇴폐성을 한 몸에 지닌 인물이었다. 물욕과 야심으로 똘똘 뭉친 타락 귀족의 전형인 외조부는 질에게 도덕적으로 나쁜 영향을 주었다.

그래서인지 질이 소년 시절부터 이미 유전적으로 섬뜩한 이상 기질의 징후를 보였다고 주장하는 전기 작가도 있다. 그러나 아무래도 그런 설에는 도무지 신뢰가 가지 않는다.

『마술가이며 호색가인 질 드레』(1945)라는 책에서 전기 작가 마르크 뒤비스는 질이 어릴 때부터 간질을 앓았다며 다음과 같이 적고 있다. "종종 소년은 침대에서 벌떡 일어났다. 눈이 뒤집어지면서 입에서는 거품이 뿜어져 나왔다. 마치 야수나 악마의 공격을 피하려는 듯 경련이 일어난 양손은 벌벌 떨고 있었다."

그러나 이런 문장은 누구나 쓸 수 있다. 보지도 않고도 마치 본 것처럼 묘사하고 있는 픽션이다. 오래된 기록에는 해당 데이터가 남아 있지 않기 때문에 질 드레의 성적 도착이 언제부터 시작되었는지는 어느 누구도 단언할 수 없다. 프로이트(Sigmund Freud)는 성적 도착의 원인을 모성 콤플렉스에서 찾았는데, 질은 열 살도 채 되기 전에 이미 모친과 헤어졌기 때문에 프로이트설을 적용할 수도 없는 노릇이다.

또 한 명의 평전가 보사르는 좀 더 신중한 의견을 제시한다. 즉 "질은 어둠과 신비 속에서 고독한 쾌락을 익혔을 것이다. 조부는 만년에 샹토세의 손자 방으로 갑자기 들어와 나쁜 짓을 하던 현장을 덮쳤다"는 것이다.

위스망스에 의하면, "어리숙하게 자기 책임을 방기한 노인은 1420년 11월 30일, 질을 카트린 투아르라는 여자와 결혼시키고 후견인이라는 성가신 책임에서 벗어나버렸다"라고 하는데, 어쨌든 이 카트린이라는 8촌 여동생과의 근친 결혼에는 어둡고 찜찜한 어떤 비밀이 숨겨져 있는 듯하다.

그것에 대한 논의는 일단 차치하더라도, 매우 바람직하지 않은 환경 속에서 자랐음에도 불구하고 질은 일찍부터 학문과 고전문학에 폭넓은 이해력을 갖추고 있었던 것으로 추정된다. 남동생 르네는 완전히 까막눈으로 당시 대부분의 귀족들이 그랬듯이 자기 이름조차 제대로 쓸 수 없었을 정도였다. 반면에 질은 15세기의 문학 애호가로 이름을 날렸던 대귀족, 예를 들면 베리 공작이나 부르고뉴 공작, 메디치가의 주군 같은 사람들과 견줄 만한 예술 애호가(딜레탕트[dilettante])였다.

라틴어도 유창했고 좋아하는 작가의 책은 항상 가까이 두면서 직접 멋지게 꾸민 후 여행할 때도 늘 휴대하고 다녔다. 애독서는 성 아우구스티누스의 『신국론(De Civitate Dei)』, 오비디우스(Publiua Ovidius Naso)의 『변형담(Metamorphoses, 변신 이야기)』, 발레리우스 막시무스(Valerius Maximus)의 작품 등이었다. 수에토니우스(Gaius Suetonius Tranquillus)의 『황제들의 생애(De vita Caesarum)』를 읽고, 네로와 칼리굴라(Caligula)의 잔인한 방탕에 젊은 상상력을 불태웠을 가능성도 충분히 짐작이 된다. …

당시 유약한 샤를 7세(Charles VII)의 지배하에 있던 프랑스는 전쟁으로 피폐해진 상황에서 페스트까지 만연해 황폐해질 대로 황폐해진 데다가 영국군의 노략질은 날이 갈수록 심해져 그야말로 최악의 빈곤 상태였다. 나라의 존망이 달린 위기 상황에서 질은 직접 비용까지 대가면서 군사를 일으켰고, 그 유명한 구국의 성녀 잔다르크를 도와 프랑스 앙주와 멘 지방을 오가며 수많은 무훈을 세웠다고 전해진다.

위스망스의 말을 빌리면, "그림자처럼 잔다르크를 따라다니며 파리 성벽 아래에서까지 소녀 장군의 신변을 지켰고, 랭스에서 거행된 대관식 날에도 그녀의 곁을 떠나지 않았다"라고 한다.

질이 25세라는 젊은 나이임에도 국왕으로부터 원수(元帥)라는 칭호를 하사받은 것도 이런 무훈을 평가해 내려진 상이었다.

그에게 신비주의적 충동이 싹트기 시작한 연유도 이런 오를레앙 처녀와의 접촉에 기인한다고 여겨지고 있다. 신비사상과 악마 예배는 종이 한 장 차이다. 그와 잔다르크 사이에 어떤 심적 교류가 존재했는지, 미비한 자료 탓에 알 도리가 없다. 그러나 평전가 보사르 등이 남긴 의견들을 참조해보면 질은 어디까지나 기사도를 따르며 헌신적으로 잔다르크를 성녀처럼 숭배했다고 한다.

그런데 어떤 이유에서인지 그는 전쟁과 무훈에 대한 열의를 송두리째 상실해버리더니 티포주(Tiffauges)성에 틀어박혀 오로지 극단적 사치와 세련된 취미 생활에 몰두하는 나날을 보냈다. 이때가 파란만장했던 그의 생애 중 가장 비밀스럽고 불가사의한 시절이었다.

여담이지만, 영아 살인자 질 드레가 왜 부녀자 살인자 '푸른 수염'과 동일시되었는가에 대해서는 여러 설이 존재한다.

보사르는 브르타뉴 지방의 오래된 전설에 질이라는 이름이 나온다는 것을 근거로 푸른 수염과 질은 동일 인물이 확실하다고 결론지었다. 요컨대 샤를 페로의 동화는 오래된 전설을 각색한 것이며, 잔혹하고 비정상적인 부분을 기독교식으로 각색한 작품이라는 이야기였다. 이에 반해 기독교를 싫어하는 페르낭 플뢰르(Fernand

<그림 47> 헤롯왕의 영아 살육

Fleure)는 푸른 수염 이야기가 코모르왕 전설에서 온 것이라고 주장하고 있다. 질 드레도 코모로왕도 교회로부터 파문당했기 때문에 양자가 동일 인물이라는 오해가 생긴 거라는 설명이다.

코모르는 중세 브르타뉴의 왕인데, 계속해서 아내를 맞이하고는 모조리 죽여버리기 때문에 항상 홀아비로 지냈다는 전설의 주인공이다. 소설가 페르낭 플뢰르는 헤르난데스 박사라는 익명으로 이단 심문 재판 기록을 조사해 질 드레에 대한 논문을 썼는데, 질은 무고한 죄로 기독교의 희생자가 되었다고 주장했다.

아울러 찰스 리의 『이단 심문의 역사』(1900)에 의하면, "질은 자랑거리인 붉은 수염을 당당히 기르고 있었는데", 악마가 이것을 푸른 수염으로 바꿔버렸다고 한다. 독자를 완전히 업신여기고 있는, 말도 안 되는 이야기라고 생각된다. 하지만 그렇게 적혀 있으므로, 그런가 보다 하는 수밖에 없다.

흥미로운 것은 19세기 중엽 연대기 작가 폴 라크루아가 전개한 설인데, 어쩌면 오히려 이것이 진실에 가까울지도 모른다. "질 드레는 언뜻 보면 그런 흉포한 습성이나 악한 기질을 가졌을 것으로 생각할 수 없는 인물이었다. 오히려 온화하고 선량한 얼굴을 하고 있었고, 제비꼬리 모양으로 정성껏 다듬은 수염도 절대 어두운 느낌을 주지 않았다. 머리카락은 금발이었고 이 특이한 수염은 검은색이었는데, 빛이 어떻게 비치느냐에 따라 푸른색으로 빛나는 경우도 있었다. 그런 까닭에 브르타뉴 지방에서 명성이 자자한 '푸른 수염'이라는 별명이 생겨났고, 그에 대한 이야기는 황당무계한 픽션으로 바뀌어버린 것이다."

우리로서는 질의 수염이 어떤 색이든 아무런 상관도 없지만, 16세기의 유명한 귀신론자 장 보댕은 『빙의 정신병』(1580)에서 매우 암시적인 말을 하고 있다.

"낭트에서 유죄 선고를 받아 처형된 질 드레는 8명의 아이를 살해했고 이어서 아홉 번째 아이를 살해할 작정이었다고 고백했다. 아홉 번째 아이는 자신의 아들로 악마에게 바치기 위해 어미의 배 속에 있을 때부터 이미 죽이기로 정해두었다…."

이 보고에는 사실과 다른 점이 두 가지 있다. 우선 첫 번째, 질에게는 사내아이가 없었다. 두 번째로는 질이 죽인 아이 수는 8명 정도가 아니었다. 하지만 이처럼 사실과 다르지만, 여기에 나온 8이라는 숫자가 상당히 의미심장하다. 왜냐하면 전설에 의하면, 푸른 수염은 8명의 아내를 죽였다고 전해지기 때문이다. …

그러나 푸른 수염 전설에 대해서 시시콜콜 따지고 드는 것은 이쯤에서 마무리하고 그다음 이야기로 넘어가보자.

질의 용모에 대해서는 아르만 게로, 발레 드빌리비르 등 여러 전기 작가가 '당당한 체구, 매력적인 얼굴'이라고 다소 애매하게 묘사하고 있는데, 어쨌든 증빙해줄 자료가 없기 때문에 이를 그대로 받아들일 수도 없는 노릇이다. 그러나 적어도 위스망스처럼 그의 정신적 성격을 재구성해보는 것은 어느 정도 가능할지도 모르겠다.

위스망스에 의하면 질은 자신이 태어난 시대로부터 완벽히 벗어나 있던 인간으로, 순수한 예술가이자 진기한 것들을 사랑했다. 즐겨 읽는 책을 금박의 글씨와 세밀화로 장식하기도 했고, 직접 그림을 그려 넣을 정도로 예술 애호가였다. "그의 동료들이 모두 단순하고 동물적인 인간들이었던 것에 반해, 그는 예술적 세련됨을 극단적으로 지향했고, 난해하고 고매한 문학을 꿈꾸었으며, 악마퇴치법에 대한 저술도 남겼다. 로마교회 음악을 사랑했고, 둘도 없이 진기한 집기가 아니면 주변에 두지 않았다."

이토록 탁월한 예술가적 기질을 가진 반면, 질에게는 전쟁터에서의 용기와 기사도 정신, 성녀 숭배 경향이 있었다는 사실도 생애의 전반기 기록에 남아 있기 때문에 우리는 티포주성에 틀어박히게 된 이후, 그의 다양한 미덕이 어떤 계기에서인지 악덕으로 표변했다는 점을 인정하지 않을 수 없다. 여기서 말하는 악덕이란 그로 하여금 역사적으로 손꼽히는 살인귀가 되게 한 세 가지, 즉 오만과 음탕과 잔혹이다.

여기서 잠시 범죄심리학적으로 분석해본다면 광기로까지 발전한 자기 숭배, 오만이야말로 질의 가장 큰 악덕이었다. 재판의 마지막 단계에 이르기까지 질은 자신의 죄를 인정하지 않았다. 많은 사람들의 증언으로 그가 범한 악행이 폭로되면서 더 이상 반박할 여지가 없게 되자, 그때야 비로소 그는 신의 용서와 영혼의 구제를 청중에게 호소하기 시작했다. 거만한 고독 속에서 한없이 부풀어 오른 자기애는 자신이 범한 온갖 죄를 측근에게 자랑스럽게 떠벌릴 정도로 그에게서 이성을 앗아가버렸다.

예를 들면 '뒤셀도르프의 뱀파이어(흡혈귀)'라는 별명으로, 범죄사상 유명했던 독일인 페테르 퀴르텐(Peter Kürten)도 도착적 성향이 있던 살인귀였는데, 재판관을 향해 "내가 한 행동을 당신들은 이해할 수 없습니다. 어느 누구도 이해할 수 없을 겁니다"라고 세 번이나 거듭 주장했다고 전해진다. 질 역시 "나는 전 세계의 어느 누구도 감히 엄두조차 내지 못했던 일을 해냈다. 나는 이런 별 아래서 태어난 인간이다"라고 법정에서 오만하게 큰소리쳤다.

위대한 범죄자 특유의 이런 거만함은 허영이나 자만이라기보다는 일종의 집요한 환희의 표현이다. 속물들 위로 자신을 높이려는 마음을 억제할 길 없는, 일종의 성향이다. 동시에 그것은 확립된 질서에 대한 악마주의 특유의 반역 형태이기도 하다. 타락천사인 사탄이 천상에서 실추한 것도 이와 같은 착각(증상만[增上慢], 깨닫지도 못했으면서 깨달았다고 여기고 자만함-역주) 때문이었다고 할 수 있다.

그뿐만 아니라 질 드레의 내면에는 불같은 기질과도 결부된, 도무지 만족을 모르는 음욕이 감춰져 있었다. 궤도를 벗어난 비상식적인 방탕에 의해서만 비로소 음욕의 불은 진정이 된다. 음욕이 진정되면 일종의 혼수상태에 빠지고, 깨어나면 이번엔 맹렬한 후회가 엄습한다. 십자가 아래로 몸을 던지고 하염없이 후회의 눈물을 흘린다. 그러나 얼마 후 다시금 갑자기 욕망이 들끓기 시작하며 이를 충족시키지 못하면 몸도 영혼도 당장이라도 끊어질 것만 같은 상태가 된다. 이렇게 기호는 점점 한쪽으로만 치닫고, 좀 더 강렬한 자극을 찾아 독신(瀆神, 신을 모독하는 것-역주)에서 환희를 발견하게 되면서, 한 걸음씩 더 사디즘 영역으로 현혹되어간다. …

그렇다면 질의 도착과 잔학성은 선천적인 것이었을까. 이 질문에 대답할 수 있는 자는 결국 본인밖에 없을 것이다. 재판소에서도 그는 이 점에 대해서 답변하지 않았다. 그러나 태어날 때부터 가지고 있었던 강렬한 호기심이나, 괴기스러운 취미와 복잡하게 얽힌 음탕한 정신이 결국 그를 잔학함과 살인의 영역으로 이끌었다는 것은 의심의 여지가 없는 것처럼 여겨진다. 법정에서 남긴 그의 고백을 통해 짐작해보면, 질은 소년 시절부터 성적으로는 특이한 성향을 가지고 있었던 모양이다.

"언제 어디서 남색의 죄를 저질렀는지에 대한 질문에, 그는 샹토세 성안에서였다고 답변했다. 언제였는지는 잊었다고 말했지만 조부가 사망했을 무렵부터 시작된 모양이다."

"위의 죄를 저질렀을 때 누군가가 교사하거나 선동하지는 않았느냐는 질문에 대해 그가 말하기를, 그 어떤 자의 권고도 없었고 개인의 상상력에 의해 오로지 자신의 쾌락과 음욕을 위해 그런 짓을 저질렀다고 답변했다."

이상과 같은 재판 기록의 단편들을 통해 엿볼 수 있듯이, 질이 어린 시절부터 남색을 즐겼다는 점은 확실했다. 가학적인 잔학성 부분에 대해서는 평전가 보사르나 위스망스가 이야기한 대로일 것이다. 질은 수에토니우스가 남긴 고사본에 그려진 삽화를 보았고, 소년을 상대로 한 티베리우스(Tiberius)나 카라칼라(Caracalla)의 방탕한 장면을 일찍이 각인시켰을 것이다. 질에겐 처형 장면을 즐겨 보고 싶어 하는 시간증의 경향이 분명히 존재했다. 이 점은 로마 황제 티베리우스와 비슷하다. 아울러 희생자에게 굳이 죽음을 느끼게 하려고, 천천히 죽이라고 형리에게 명했다는 칼리굴라(Caligula)와도 일맥상통하는 측면이 있다. …

1432년 샹토세에서 조부가 죽자 질은 28세의 나이에 프랑스 제일의 막대한 유산을 상속받게 된다. 토지와 성만 해도 그 규모를 일일이 따지기 힘들 정도여서 그 수익은 연간 3만 리브르에 달했고, 거기에 프랑스 원수 직책에 따른 연금이 2만5,000리브르나 되었다. 당시 부르고뉴 공의 친족이 거둔 연 수입이 고작 6,000리브르였던 것을 감안하면, 질의 재산이 얼마나 막대했는지 알 수 있다. 그리고 이 막대한 부를 이후 불과 6년도 되지 않아 완전히 탕진한 것을 보면, 엄청난 낭비벽이라고 하지 않을 수 없다. 도대체 왜 이토록 짧은 기간에 파산했을까.

이유로 거론할 수 있는 것은 첫 번째, 사치스러운 군대 정비였다. 군웅할거 시대였기 때문에 돈만 있다면 얼마든지 군대를 거느릴 수 있었다. 질은 친위대로 200명 이상의 기마 병사를 가까이에 두고, 그들 모두에게 화려하게 치장한 하인을 붙여주었다. 아름다운 군대의 면면을 보고 브르타뉴 공 장 5세(Jean V)마저 질투했을 정도였다.

두 번째 낭비로는 장엄하고 화려한 교회당 건설을 들 수 있다. 루이 11세나 체사레 보르자(Cesare Borgia) 같은 당시의 야심적인 대귀족이 그러했듯이, 질도 예배당 건립이 현세의 죄를 사해줄 거라고 믿었던 모양이다. 그러나 부속 사제나 성가대원을 포함해 무려 약 80명이나 되는 성직자들이 있던 교회를 유지하기 위해선 실로 많은 돈이 필요했다.

더구나 더할 나위 없이 사치를 즐겼던 질은 성직자들에게도 화려한 금장식 복장을 입게 했다. 다람쥐 가죽으로 된 법의와 족제비 가죽을 안감으로 댄 붉은 법의, 금실과 명주실로 짠 화려한 소매가 달린 법의 등을 입고 우아하게 걷는 사제들은 마치 대주교의 주재지를 방불케 하는 모습이었다. 교회 장식도 화려함과 아름다움이 극에 달했으며 실로 된 레이스, 금실 비단, 여기저기에 보석이 박힌 벨벳이나 금으로 된 촛대 등을 맘껏 사용했다. 마슈쿨(Machecoul)이라는 도시 전체가 마치 하나의 종교 왕국이었다.

물론 이를 통해 질은 충분히 자존심을 세울 수 있었을 것이다. 그러나 이런 겉치레 위세로 사람을 놀라게 하는 취미나, 어쩌면 진지했을지도 모를 종교적 심정과는 별개로, 그에게는 또 다른 동기가 있었다. 즉 질은 교회 음악에 대해 열광적으로 탐닉하고 있었다. 아마도 그는 성가대 소년들의 합창을 육감적인 일락(逸樂)으로 감상하고 있었음에 틀림없다.

정신의학이 인정하는 바에 따르면, 어떤 부류의 사람들은 교회 음악에서 색정적인 황홀감을 느끼기도 한다. 신비주의에 대한 도취는 감각적인 도취와 통하기 때문이다. 크라프트에빙(Richard von Krafft-Ebing)은 『성병리학(Psychopathia Sexualis)』에서 인간적 애욕과 종교적 신비주의가 '끝없는 탐구'라는 공통적 유연관계(상호 유사한 관계가 있어서 그 사이에 연고가 있는 것-역주)에 의해 맺어질 수 있음을 인정하면서 다음과 같이 기술하고 있다. "종교적 감각이나 성적 감각 모두 각각 발전의 극한에 도달하면 자극의 양이나 성질이 비슷한 양상을 보인다. 따라서 그것들은 어느 조건하에서는 상호 교환이 가능하며 만약 어떤 병리학적 조건이 충족되면 양자 모두 잔학성으로 바뀔 수 있다."

한편 질 드레에게는 분명 이 두 가지 경향이 모두 존재했다. 우리는 그가 성녀 잔다르크의 숭배자였고, 백년전쟁이라는 가혹한 시련을 견뎌낸 전사였으며, 동시에 광적인 예술 애호가였다는 사실을 익히 알고 있다.

그렇게 보면 그가 아꼈던 그레고리오 성가나 소년 합창의 신성한 울림이 음탕함이나 죄의 욕망과 조금도 모순되지 않을뿐더러, 오히려 이를 부채질하는 계기에 불과했다는 사실이 쉽사리 이해된다. 신비사상과 악마 예배가 종이 한 장 차이라는 것도 이처럼 성병리학적 원리에 의해 설명이 가능하다.

스에 박사는 질에 관한 의학 논문 중 헝가리의 '마트슈카'라는 유명한 범죄자의 예를 들고 있다. 마트슈카는 다이너마이트로 급행열차를 전복시킨 다음 아비규환에 빠진 희생자들의 비명 소리를 들으며 쾌락을 탐닉한, 기묘하고 천재적인 상습 범죄자였다. 박사는 다음과 같이 적고 있다.

"최근(1931년) 헝가리의 마트슈카라는 사내는 다이너마이트로 급행열차를 전복시킨 후, 사방으로 흩어진 차체 밑에서 고통스럽게 비명을 지르는 희생자들을 보면서 이루 형용할 수 없는 쾌락을 맛보고 있었다. 그런데 이 범죄자에게는 기괴하고 심오한 종교적 감정이 있어서, 자신이 좋아하는 성자의 상인 '성 앙투안 상'을 항상 몸에 지니고 있었다. 범죄가 드디어 실현되었을 때, 뒤집어진 기차가 불타오르면서 미처 피신하지 못했던 승객들이 검게 그을린 모습을 하고 있자, 마트슈카는 희열에 찬 환한 표정으로 근처 교회에 가서 자신이 그토록 좋아하던 성자 상에 기도를 올리며 범죄의 성공에 감사드렸다. 이처럼 질 드레도 참혹한 살육에 몰두해 있을 동안, 성가대 소년의 아름다운 목소리로 신의 분노를 진정시킬 수 있다고 생각했던 것이다."

스에 박사의 추리는 다소 비약적이지만, 질이 소년성가대 노래와 마찬가지로 희생자의 고통스러운 비명 소리도 사랑했다는 점에는 확실한 증거가 있다. 마술사 폰 게를레스도 "질은 희생자들을 악마 바론(Baron), 베엘제붑, 벨리알(Belial)에게 바쳤고, 살육 행위를 저지르는 동안 부활제의 성가를 희생자들을 위해 부르게 했다"라고 말하고 있다.

스타니슬라스 드과이타(Stanislas de Guaita)에 의하면 "금빛 찬란한 법의를 입은 사제가 매일같이 새로운 성가대 소년들을 찾아다녔다"(『사탄의 사원』[1891])라고 하는데, 설령 드과이타의 말에 다소 과장이 섞여 있다손 치더라도, 질이 짧은 기간 동안이나마 당시 프랑스 북부에서 가장 훌륭한 성가대를 소유하게 되었다는 사실에 대해서는 의심의 여지가 없다. 그는 어떤 비용을 치르더라도 미성의 소년들을 주변에 불러들였다.

로시뇰(rossignol, '꾀꼬리'라는 의미)이라는 소년은 생틸레르(Saint-

Hilaire) 교회 합창대 소속이었는데, 질의 눈에 들어오게 되었다. 질은 그에게 라리비에르의 토지를 건네는 조건으로 억지로 푸아티에(Poitiers)에서 티포주성으로 데려왔다. 가수도 연주가도 분에 넘치는 대우로 고용했다.

음악은 이교적 제례의식을 연상시키는 악마적 존재라는 이유로 교회에서는 오랫동안 음악을 채용하지 않았는데, 교황 그레고리오 시대(6세기 말)에 이르러 비로소 음악이 경건한 마음을 불러일으키는 데 가장 유효한 수단이라는 사실을 인식하게 되었다. 이리하여 예배식과 성가집의 통일이 실현되면서 음악은 교회에 꼭 필요한 존재가 되었다. 질의 성가대 학교도 당시 유행하던 온갖 악기를 사용하고 있었다. 수동 오르간, 하프, 류트(lute), 트럼펫, 플루트 등이었는데, 그중에서도 오르간이 큰 비중을 차지했다.

살짝 오구리 무시타로(小栗虫太郎, 일본의 추리소설 작가-역주)처럼 음악사 분야로 성큼 발을 들여놓아보자면, 오르간은 비잔티움 세계에서 일찍부터 진귀한 악기로 귀히 여겨졌다. 처음에는 수력 오르간이었다가 그다음 공기로 움직이는 오르간이 완성되었는데, 그것이 프랑스로 전래된 것은 8세기경 동로마 황제 콘스탄티누스 5세(Constantine V)에 의해서였다. 그는 그중 한 대를 프랑크 왕국의 피핀(Pippin)에게 헌상했고, 또 한 대는 카롤루스 대제에게 헌상했다. 성 갈(Saint Gall)의 수도사에 의하면, "소가죽 풀무로 움직이는 청동관은 은은한 천둥, 칠현금의 울림, 그리고 심벌즈 소리와도 비슷했다"고 한다.

질은 이 '은은한 울림'에 의해 울려 퍼지는 기욤 뒤페(Guillaume Dufay)의 '슬픔의 성모'를 유독 좋아했다. '성모'와 '지옥'이 어우러진, 이루 말로 형용할 수 없는 하모니 속에서 자신에게 희생당한 사람들이 죽기 직전에 발했던 단말마의 애잔함을 발견했을 것이다.

그러나 당시까지만 해도 서민들은 연극이나 음악회, 연회로 세월을 보내는, 상상을 초월한 그의 비일상적인 소비 생활을 그저 선망과 감탄 어린 눈길로 바라볼 뿐이었다. 그리고 이 불가사의한 영주 내면 깊숙이에 그 어떤 피비린내 나는 욕구가 숨어 있는지, 전혀 눈치 채지 못했다. 티포주성에서는 카트린 부인과 외동딸이 남편이자 아버지의 암울한 내면적 고뇌를 전혀 의식하지 못한 채, 태평스러운 단꿈에 빠져 있었다.

　나의—이렇게 높이 솟은—집이 너에게는 경멸의 대상으로
비춰졌을 때
　'아아 선택의 시선을 한 번만이라도 나에게 주었더라면
　가르침도 제단도 나는 부정해버렸을 텐데'
　그처럼 어둠 속에 너의 고통스러운 비명이 울렸다.
　—슈테판 게오르게(Stefan George)

수은 전설의 성

질 드레(Gilles de Rais)의 초상 II

<그림 48> 연금술사의 실험실.
하인리히 쿤라트(Heinrich Khunrath)의 책에서 발췌

낭트와 푸아티에를 연결하는 가도 변에 음침하게 솟아 있는 티포주성은 고대 로마 성채 뒤에 세운 난공불락의 요새였다. 이곳은 우리의 질 드레 영주님이 즐겨 체재하던 장소이기도 했다. 마침내 재정이 바닥나 파산 직전에 놓이자, 질은 궁정 생활과 미련 없이 결별하고 엄청난 대리석 조각과 현란한 빛깔의 직물 벽지로 화려하게 장식된 이 성안에서 편안한 은둔 생활을 보내기로 마음먹었다.

그 옛날 티포주 부근은 민족 대이동의 여파로 다키아(Dacia, 현재 루마니아 지방에 사는 종족)인의 일부 부족이 점령하고 있었다. 질에게 동유럽인인 다키아인의 피가 섞였는지 여부는 알 수 없다. 그러나 전설에 의하면 다른 게르만 부족들의 왕과는 달리, 티포주를 침공한 이 야만족의 세습 군주들은 남색을 공공연히 허용했던 모양이다. 로마제국의 몰락을 논한 유명한 샤토브리앙(Chateaubriand)의 『역사연구(Les Etudes historiques)』 속에는 이와 관련된 기록이 보인다. 즉, 이 부족의 청년들은 "남자와의 성교를 강요당한다. 동정의 꽃은 이 저주스러운 결합 속에서 짓밟힌다. 청년들은 멧돼지나 곰을 퇴치하지 않으면 이런 정갈치 못한 혼인으로부터 해방되지 않는다". 질의 선천적인 도착증과 관련지어 이런 기록들을 살펴보면 이 지방에서는 숙명적으로 탁한 피, 뭔가 불길한 것이 흐르고 있음을 느끼지 않을 수 없다.

이중삼중으로 성벽을 두른 티포주성의 탑 근처에는 질이 자랑스럽게 여기던 아름다운 예배당도 세워져 있었고, 여기서 몇 번이고 흑미사가 행해지거나 연회가 열리기도 했다. 연회석에는 거의 전라 상태의 합창대 미소년들이 질의 손님들에게 계수나무 향이 섞인 와인과 홍분제를 탄 술을 돌렸다. G. 무니에에 의하면, 이 자극적인 음료가 "여성 집사가 없는 기괴한 성안에서 참석자들의 음욕을 초조한 악몽처럼 자극했던" 것이다.

이미 질의 낭비벽에 잔뜩 겁을 집어먹은 가족들은 국왕인 샤를 7세에게 재정 간섭을 해줄 것을 거듭 간곡히 부탁했기 때문에, 이런 사실을 알게 된 질은 아내 카트린과 딸 마리를 티포주성에서 추방한 후 푸조주(Pouzauges)에 유폐시켰다. 그가 현실 속에 존재하는 일반 여성에게 품었던 혐오도 그러하지만, 과거엔 그토록 로맨틱한 성모 숭배자였던 사람이 느닷없이 철저한 남색 취향에 이르렀다는 사실엔 놀라지 않을 수 없다. 질은 쇠퇴기의 로마 귀족처럼 거의 여성 집사가 없는 성안에서 수많은 소년들을 거느리며 연회석상에서 손님들의 욕망을 채우는 데 봉사하도록 했다. 내쫓아버린 아내와 딸은 죽을 때까지 거들떠보지도 않았다. …

티포주성 내부 깊숙이 있는 연구실에서 1만 권의 장서를 옆에 두고 연금술 실험에 몰두하는 것이 고독한 그의 순수한 지적 즐거움이었던 것은 분명했다. 그러나 점점 재산이 밑바닥을 드러내자 신비하고 불가사의한 이 학문을 통해 실제로 황금을 추출해 목전의 궁핍으로부터 벗어나고 싶다는, 진정한 연금술의 의의에서 벗어난 타산적 욕망에 사로잡히게 된 것도 자연스러운 귀결이었다. 아라비아에서 들여온 연금술 기구인 아타노르(Athanor, 정련조[精練竈])나 아르뒤르(이형호[梨形壺]) 아래서 희망의 불꽃은 뜨겁게 불타올랐다. 과연 그는 '현자의 돌'을 사용해 황금을 만들어낼 수 있었을까.

로비노 신부의 『브르타뉴사』(1707)에는, 질은 "이 기만술에 정통한 자를 백방으로 찾게 하자, 얼마 후 수은을 응고시킬 수 있을 정도로 숙련된 연금술사를 여러 명 찾아냈다. 하지만 연금술사의 숙원의 대상인 금속이 결정적으로 변화하기 전 불행히도 '철학자의 달걀(플라스크의 일종)'이 깨지는 일이 자주 있듯이 질의 경우도 한창 실험이 진행되는 도중 프랑스 황태자가 갑자기 티포주성을 방문하는 등 예측하지 못한 사태에 부딪혔다. 연금술은 비밀스러운 작업인지라 공공연하게 드러내서는 안 되기 때문에 아궁이를 부수고 실험을 중지해야 했다"라고 나와 있다.

이것이 질 드레의 불운한 연금술적 탐구에 관한 간단명료한 기록이다. 로비노 신부는 '기만술'이라고 말하고 있지만, 17세기적 지식의 불빛에 대조해보면 그렇게 보이는 것도 어쩔 수 없었다. 아울러 중세의 유리 기구는 열에 약해 무척 깨지기 쉬웠다는 사실도 알아둘 필요가 있다.

티포주성의 어느 방에서 유스타슈 블랑셰 등 자신의 심복들과 함께 한껏 기대에 부푼 모습으로 푸른 수염을 떨면서 고개를 숙이고 화학 기구의 밑바닥을 응시하는 질 드레의 모습을 상상해보라. 현존하는 문헌에 따르면 그는 연금술 아궁이, 즉 아타노르(Athanor, 정련조[精練竈])를 만들게 하고 쇠 냄비나 도가니나 각종 증류기 등 용기 일체를 사들여, 성의 한구석에 실험실을 조성해 거기에 앙투안 팔레르누, 프랑수아 롱바르, 그리고 파리의 금은세공사 장 푸치 등

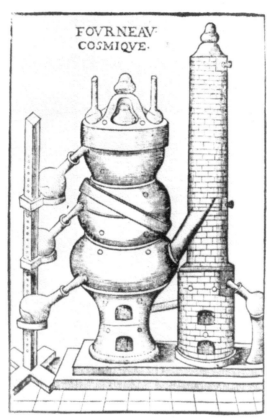

FOVRNEAV COSMIQVE.

<그림 49> 연금술의 아궁이

과 틀어박혀 있었다는 사실이 확인되었다.

물질을 가열하거나 녹이거나 기화시키는 증류기나 플라스크도, 파우스트 박사나 프랑켄슈타인 박사의 실험실에서 나왔던 진기한 형태의 토기나 유리 기구와 대충 비슷했을 것이다.

위스망스는 다음과 같이 말했다. "잔다르크가 죽자마자 질은 순식간에 마술사에게 장악되었다. 게다가 그 마술사들은 세련된 악인이었고 매우 총명한 학자이기도 했다. 티포주에서 항상 질을 찾아왔던 자들은 열성적인 라틴학자, 놀라울 정도로 탁월한 담론가, 희귀한 약재의 소유자, 혹은 태고의 신비에 정통한 사람들이었다. 이런 마술사들을 전기 작가들은 모두 저속한 식객, 협잡꾼이라 치부하지만 그것은 엄청난 오해였다. 그들이야말로 15세기의 정신적 귀족이었기 때문이다. 아마도 그들은 로마 교회를 따르는 사람들이었지만 추기경이나 교황 수준의 지위가 아니라면 애당초 하찮은 자리 따윈 수락하지도 않았을 무리였기 때문에 자신들이 갈 만한 마땅한 자리를 찾지 못했다. 결국 그들은 무지와 혼란이 만연한 당시 사회에서 질과 같은 굴지의 대영주의 비호 아래 세상을 등지는 수밖에 도리가 없었을 것이다."(『저 아래로(Là-Bas)』).

그야말로 질이 살아간 15세기야말로 유럽 연금술 전성시대였다. 교양 있는 굴지의 영주들은 모두들 세상의 음지에서 빛을 보지 못하던 탁월한 연금술사를 자기 주변에 불러모아 돈과 시간을 아낌없이 투자하면서 성안에서 비밀리에 황금의 꿈을 쫓고 있었다.

연금술의 기원에 대해서는 '타로 카드' 항목에서 자세히 설명했기 때문에 여기서는 그 연혁을 소개하는 선에서 그치기로 하겠다. 우선 연금술은 이집트 기원으로 알렉산드리아에서 발달했다. 헤르메스 트리스메기스투스의 '에메랄드 태블릿(Emerald Tablet)'에 의해 정의되었고, 메소포타미아의 대학자 게베르(Geber)가 집대성한 것으로 되어 있는데, 이 마지막 인물에 대해서는 오늘날 실존인물이 아니었던 것으로 추정하고 있다. 그러나 경이적 박사(Doctor Mirabillis)라 불렸던 로저 베이컨(Roger Bacon) 등 왕년의 연금술사 대부분은 아라비아의 "가장 위대한 왕이자 철학자인 게베르"의 저서로 믿어지는 『비술대전』과 『철학의 서』를 최대한 경의를 표해 연구했던 모양이다.

연금술이 서구 세계로 전해진 것은 아라비아인들이 스페인을 침공한 이후였는데, 그 이전에도 예를 들면 로마 황제 칼리굴라나 비잔틴 황제 헤라클리우스(Heraclius)가 거금을 뿌려 수많은 연금술사를 거느리며 황금이 쏟아지는 단꿈에 빠져 있었다는 사실이 잘 알려져 있다. 이는 일찍부터 궁정에 아라비아인이 출입하고 있었다는 증거였다. 그들은 오랜 기간 서유럽과 동유럽(비잔틴) 세계에서 페르시아와 이집트의 비전 계승자 역할을 하고 있었던 것으로 추정된다.

유럽인 중에서 가장 먼저 연금술을 심오하게 연구한 인물은 수도사 제르베르 도리악(Gerbert d'Aurillac)이라 전해진다. 그는 젊은 시절 당시 세계에서 가장 오래된 대학인 모로코의 칼라윈 회교 사원에도 있었고, 스페인에서 점성학과 카발라 밀교를 공부해 훗날 교황 실베스테르 2세(Sylvestre II)가 되었다.

　따라서 중세에는 이미 연금술이 유행할 바탕이 마련되어 있었다. 당시에 가장 권위를 지닌 이 방면의 서적들은 바실리우스 발렌티누스(Basilius Valentinus)의 『연금묵시록』·『12개의 열쇠』·『안티몬의 개선차』, 라몬 룰(Ramon Llull)의 『비밀열쇠』·『새로운 성전』, 아르날두스 드빌라노바(Arnaldus de Villa Nova)의 『연금술의 거울』·『철학의 장미원』·『꽃이 만발한 서(書)』, 로저 베이컨(Roger Bacon)의 『비밀거울』·『연금술의 정수(精髓)』, 트레비소(Treviso) 베르나르도 백작의 『샘의 우의(愚意)』·『금속 자연철학』, 살로몬 트리스모신(Salomon Trismosin)의 『황금의 양모』 등이다. 물론 질 드레도 이런 책들의 귀한 필사본을 가지고 있었거나, 적어도 소문 정도는 들어 익히 알고 있었을 것이다.

　당시 사람들은 귀금속이 아닌 비금속(卑金属), 즉 납이나 수은도 '현자의 돌'을 사용하면 순식간에 귀금속으로 변한다고 믿고 있었다.

　'현자의 돌'은 엘릭서(elixir, 만능약, 연금약) 혹은 '제5원소'로 불렸고, 모든 연금술서에서도 반드시 이 이름이 나오다. 이것을 조합하기 위해 필요한 물질을 몇 대 몇의 비율로 섞어야 할지, 그리고 혼합물을 가열 시설에 넣는 플라스크, 즉 '철학자의 달걀' 속에서 몇 도의 온도로 달궈야 할지가 극비 사항이었기 때문에, 이른바 '최고의 엘릭서'를 추출하기란 보통 힘든 일이 아니었다.

　아라비아인 칼리드의 작품이라고 전해지는 『세 가지 말의 서(書)』에 의하면, '현자의 돌'은 '백, 적, 황, 청, 녹의 모든 색을 포함한' 순수한 원소였다.

이 돌을 사용해 금속 변성에 성공했다고 전해지던 14세기 말의 저명한 연금술사는 파리의 필경사 니콜라 플라멜(Nicolas Flamel)이었다. 그는 충실한 아내 페르네르와 함께 24년에 걸친 기나긴 탐구 끝에 '유대인 아브라함'의 작품으로 전해지던 신비한 우의화집『아슈 메자레프(Aesch Mezareph)』의 비밀을 풀었고, 죽기 전 '생 자크 드 라 부슈리(Saint Jacques de la Boucherie)' 교회 문에 '현자의 돌'의 제조법을 새겨두었다고 전해졌다. 그래서 당시의 연금술사들은 모두들 이곳으로 몰려들어 판독하기 난해한 비법을 해독하려고 혈안이 되곤 했다. 질도 아마 일세를 풍미한 니콜라 플라멜의 수기를 읽고 가슴이 두근거렸을 것이다.

14세기에 명성을 날렸던 또 한 명의 연금술 대가는 환상 박사(Doctor Illuminatous)라는 명칭으로 알려진 순교자 라몬 룰이었다. 그가 썼다는『새로운 성전』에는 '콩만 한 크기의' 수은에서 조금씩 '현자의 돌'을 정련해가는 방법이 상세히 기록되어 있다. 수은은 당시 가장 주목받았던 연금술 원료로 '수은학'이라는 말이 있을 정도였다. 질의 재판 기록에도 롬바르디아(Lombardia)의 연금술사에 의해 수은의 고정이 이루어졌다는 기록이 있다.

아비뇽에 있던 교황 요하네스 22세(Joannes XXII)는 마술사와 연금술사를 처음으로 박해한 자로 후세에 좋지 않은 평판을 남겼는데, 그런 그도 젊은 시절엔 역시나 '수은학' 탐구에 열중했던 모양이다. 16세기 중엽에 처음 출판된 그의 저서『변성술』에서는 일정량의 수은에서 무한한 황금을 만들어내는 방법이 있다고 자랑스럽게 떠벌리고 있다. 그런 당사자가 수은학과 연금술 서적을 엄히 단죄하는 교서(1317)를 공포한 것을 보면, 보면 볼수록 중세라는 시대는 기묘하기 그지없다.

중세의 연금술사들은 거의 대부분 학식 있는 성직자였고, 종종 시행된 교회의 금지령에도 불구하고 수도원에서는 연금술을 널리 실행하고 있었다고 여겨진다. 이에 대해서는 물론 근거가 있다. 성직자를 제외하고는 라틴어를 읽을 수 있는 사람이 거의 드물었기 때문이기도 하다. 예를 들면 『로미오와 줄리엣』 중에서 줄리엣에게 비밀스러운 약을 주는 로렌스 신부나, 『노트르담의 꼽추』에서 집시 여인을 사모하다 자살한 플로로 신부를 떠올려보자. 그들은 모두 신앙심이 깊은 수도사이면서 고독한 실험실에서 플라스크 바닥을 응시하는 철학적 정신의 소유자이기도 했다. 물론 물질의 비밀을 오로지 철학적으로만 탐구하는 진지한 연금술사가 있는가 하면, 한편으로는 부자를 속이는 것이 전문인 사기꾼 연금술사도 많았다. 이때문에 훗날 단테(Alighieri Dante)나 페트라르카(Francesco Petrarca)처럼 연금술을 격렬하게 반대하고 비판한 자들이 등장한 것도 당연한 일이었다.

질 드레 시대에는 교황 요하네스 22세의 교서가 이미 효력을 잃기 시작했지만, 1380년에 공포된 국왕 샤를 5세의 연금술 금지령은 여전히 효력을 지니고 있었다. 따라서 비록 장소가 파리에서 멀리 떨어진 시골이었다 해도 사람들의 이목을 의식하지 않았던 질의 행동은 매우 위험천만했다.

교회는 원래 이런 이단 학문에 반대 입장을 취하고 있었다. 그러나 하급 신학자들 중에는 그야말로 요술사를 방불케 하는 오망성형이니, 악마를 소환시키는 비법이니, 주술법 따위를 맹신하는 패거리들이 의외로 많았다. 그래서 연금술을 부정하는 논문이 잇따라 발표되어 교회의 입장을 후원하는 학자들도 등장했다. 예를 들면 루마니아의 프란체스코회 종교재판소 판사 잔키니 우고리니의 『이단론』(1330)이나, 니콜라 에메리크의 『종교재판소 판사 규칙서』(1369), 프라하대학 신학교수 니콜라스 폰 야유웰의 『미신론』(1405), 혹은 도미니크교단 수도사 장 니데의 『개미의 대화』(1431) 등이 그런 입장이었다.

이런 분위기 속에서 그토록 열심히 연금술사를 확보하려 했던 질의 야심에는 금지령을 기꺼이 어긴다는 이른바 악마주의 특유의 환희가 틀림없이 꿈틀거리고 있었을 것이다. 질은 자신의 심복을 각지로 보내 막대한 비용을 쏟아부어가며, 유럽의 저명한 연금술사를 모조리 티포주로 불러들이려고 했다. 무서운 집념이었다.

당시 파리는 신비학 연구의 중심지였으며 독일이나 이탈리아에도 제각기 특색 있는 전통적 비술이 있었다. 그런데 티포주에 모인 연금술사들 중에서 가장 유능한 마도의 달인은 질의 심복 유스타슈 블랑셰가 이탈리아 피렌체에서 데려온 수려한 외모의 파계 수도사 프란체스코 프렐라티(Francesco Prelati)였다.

이탈리아는 당시 문화의 최첨단을 달렸던 나라였던 만큼, 신비학

분야에서도 유서 깊은 로마 문화으로부터 배양된 뿌리 깊은 전통을 갖추고 있었다. 점성학에서 갈라져 나온 성신(星辰) 의학은 특히 로마궁정에서 성행했고, 이탈리아 연금술사들은 각국의 초청을 받아 유럽 각지에 머물면서 의술을 베풀거나 혹은 멀리 아라비아 세계까지 진출해 잃어버린 태고의 비전을 찾아다니기도 했다. 예를 들면 유명한 마술사 피에트로 다바노(Pietro d'Abano)는 비잔티움으로 가서 그리스 의학을 연구했고, 베네치아대학의 의학교수 토마소 다 피사는 샤를 5세의 주치의로 초빙되었다.

질이 연금술에 몰두했던 당시에도 이탈리아 트레비소(Treviso)의 베르나르도 백작(1406년 파도바[Padova] 출생)은 '현자의 돌'을 찾아 유럽 각지를 전전했다. 베르나르도는 재산을 탕진하면서까지 바다 소금, 계란 껍데기, 녹반, 수은 등을 사용해 실험한 끝에, 1483년 드디어 현자의 돌을 발견했다. 그러나 같은 해 갑자기 병을 얻어 급히 세상을 떠났으니 참으로 가엾기 그지없는 일이었다.

그런데 이탈리아인 프렐라티 외에 질 주변에 있던 사람들 중 가장 평판이 좋았던 연금술사는 프랑스 푸아티에서 온 장 드라 리비에르일 것이다.

어느 날 밤 그는 질과 질의 심복 블랑셰, 하인 앙리에와 푸아토를 이끌고 티포주성 근처의 숲으로 갔다. 거기서 흑마술을 보여주겠노라고 약속했기 때문이다. 네 사람은 숲 입구에 남아 있고 마술사만 성큼성큼 숲 안으로 들어갔다. 네 사람은 너무 무서운 나머지 잔뜩 겁에 질려 어둠 속을 응시하고 있었다. 그런데 갑자기 숲속에서 검이 부딪히는 환청 같은 소리가 들리기 시작했다.

네 사람은 주저하면서도 손으로 더듬어가면서 가까스로 어둠 속을 걸어갔다. 그러자 마술사는 섬뜩한 형상에 창백한 얼굴을 하고 잔뜩 겁에 질려 있었다. 어찌된 일인지 묻자, 악마가 거대한 표범 모습을 하고 덮쳐와 검을 뽑아 싸웠다는 것이다. 그런데 아무래도 그의 말이 앞뒤가 맞지 않았다. 표범과 싸웠다고 말하는 한편, 표범이 그에게는 눈길조차 주지 않고 깊은 숲속으로 사라졌다고도 말했다. 미심쩍은 생각이 든 블랑셰가 계속 따지고 들면서 결국 이끌어낸 답변을 들어보면, 아무래도 그는 여기저기에 있는 나무들을 검으로 내리치면서 혼자 연기를 했던 모양이다. 터무니없는 마술사였던 것이다. 어쨌든 다음 날 그는 돈을 받자마자 허겁지겁 도망쳤다고 한다.

이런 사기꾼은 리비에르뿐만이 아니었다. 남프랑스 온갖 지방에서 질의 평판을 듣고 정체를 알 수 없는 무녀나 요술사가 티포주성으로 대거 몰려들었기 때문이다. 질은 이런 사기꾼 군단을 극진히 대접하며 그들이 득의양양하게 떠드는 연금술 비법이나 악마를 소환하는 비법에 열심히 귀를 기울였으나, 마지막엔 결국 마술사의 능력에 의구심을 품게 되었다.

하필 그때 악마를 소환하는 방면의 어떤 달인(이름은 기록에 남아 있지 않음)이 찾아와 질에게 섬뜩한 실험을 보여주었다. 이 실험에는 그도 공포에 질려 이후엔 악마의 존재를 인정하지 않을 수 없었다.

실험은 티포주성의 어느 방에서, 질과 그의 심복 시레가 입회한 상태에서 행해졌다. 질의 부하 시레는 용의주도하게도 일찌감치 창

옆에 자리를 잡고 성모상을 손에 꼭 쥐고 있었다. 여차하면 도망치려고 만반의 준비를 하고 있던 셈이다. 마술사가 마루에 커다란 액막이 서클을 그리더니 그 안으로 들어오라고 명령했다. 하지만 시레는 겁쟁이 시늉을 하면서 말에 따르지 않았고, 질만 기꺼이 서클 안으로 들어갔다.

그런데 얼마 후 기묘한 공포감과 함께 가슴이 답답해지면서 현기증이 났다. 도저히 견딜 수 없어진 질은 자기도 모르게 성호를 긋고 무의식 중에 성모의 이름을 외워버렸다. 그러자 마술사는 화를 내며 즉시 서클 밖으로 나가라고 명령했다. 그래서 엉겁결에 질도 허둥지둥 문으로 도망쳤고 시레는 창문으로 탈출했다. 밖으로 나온 두 사람은 방 안에서 마술사가 악마에게 마구 구타당하는 소리를 듣고 서로의 얼굴을 마주 보며 소름이 오싹 끼쳤다.

간신히 소란스러운 소리가 진정되었을 때 용기를 내서 방 안으로 들어가보자, 마술사는 얻어터질 대로 얻어터져 이마에 커다란 혹이 나 있었으며 피투성이 상태에서 숨소리조차 끊어져가고 있었다. 이런 마술사를 질이 극진히 간호해줘서 며칠 후 겨우 회복했다는 이야기다. 그런데 이 마술사도 회복하자마자 줄행랑을 치고 말았다.

이 무명의 마술사가 정말로 악령을 불러들인 것인지, 우리로서는 판단하기 어렵다. 그러나 악마 소환 실험이 끝나기 전 액막이 서클 밖으로 뛰쳐나가는 것은 매우 위험천만하다고 일반적으로 생각되고 있는 것도 사실이다. 그런 기본 중의 기본도 모르는 것을 보면, 이 마술사 역시 사기꾼이었을지도 모른다,

르네상스기의 저명한 마술사 요하네스 트리테미우스(Johannes Trithemius)가 독일 황제 막스밀리언 1세(Maximilian I) 앞에서 악마 소환 실험을 했을 때도 황제가 전처 마리 드부르고뉴(Marie de Bourgogne)의 망령을 보고 무심코 서클 밖으로 뛰쳐나갔다가 하마터면 번개에 맞아 죽을 뻔했다는 이야기가 전해진다.

그런데 마지막으로 질 앞에 나타나 그의 영혼을 단숨에 죄악과 독신(신에 대한 모독-역주)의 구렁텅이로 빠뜨린 자가 앞서 소개했던 악명 높은 피렌체의 마술사 프란체스코 프렐라티였다. 이 사내만큼은 지금까지의 사기꾼 마술사들과 확연히 달라서 질도 그에게 진심으로 빠져들었던 것으로 보인다.

재판 조서에 따르면 프렐라티는 1440년 피렌체 근처의 피스토이아(Pistoia)에서 태어나 성직자를 지망해서 아레초(Arezzo)의 높은 성직자에게서 승적을 부여받았다. 그런데 얼마 후 피렌체의 의사 장 드퐁타네르의 제자가 되어 마법과 연금술을 배우더니 스승과 함께 종종 악마를 불러내는 수준이 되었다.

언젠가는 악마가 20마리의 까마귀로 출현했고, 또 어떤 때는 미모의 청년의 모습으로 등장하기도 했다. 스승 드퐁타네르는 언제나 그 악마에게 암탉이나 비둘기, 수꿩 등을 바쳤다고 한다.

이탈리아 여행 도중, 이 젊고 재기발랄한 마술사를 발견해낸 질의 심복 블랑셰는 적임자를 찾았다고 생각해 그를 티포주로 데려왔다. 24세가 될까 말까 하던 그를 보자마자, 질은 박학다식하고 수려한 용모까지 갖춘 그에게 홀딱 빠져버린 모양이다. 재판 기록에서 질은 다음과 같이 프렐라티를 평했다. "프랑수아(프란체스코)는 유능한 사내이며 막힘없이 라틴어를 유창히 구사하고, 모든 일에 성심을 다했습니다."

모든 일에 성심을 다한다! 그러나 이 사내야말로 금지된 지옥의 의식을 위해 인간 공양을 질에게 강력히 요구하면서, 질의 내면 깊숙이에 감춰져 있던 욕망을 밝은 곳으로 끄집어낸 장본인이었다. 그저 음란하고 도착적 성향을 가졌던 봉건 제후 중 한 사람에 불과했던 질은, 이 사내 때문에 세상에 둘도 없는 극악무도한 인간, 신을 모독하고 광기로 가득 찬 악인으로 간주되며 파멸의 길로 들어섰다.

이 사내만 없었더라면 질은 중세 시절에 종종 볼 수 있었던 평범하고 방탕한 귀족으로 일생을 무사히 마쳤을 것이다. 범죄 역사상 좀처럼 사라지지 않을 그 유명한 '푸른 수염'이라는 이름도 남기지 않았을지 모른다.

하지만 질 드레의 영광은 역시 '푸른 수염'의 전설 속에 영구히 남을 것이다. 이런 역설에 대해 제2차 세계대전 중 수용소에서 죽은 초현실주의 시인 로베르 데스노스(Robert Pierre Desnos)는 다음과 같이 말하고 있다.

"현대에 와서 어떤 사람은 질 드레가 무죄였다며 그에 대한 재평가를 시도했다. 그러나 이러한 노력의 공허함은 우리를 당황하게 만든다. 질 드레는 우리가 사는 시대에 관여하는 순간에만 우리의 흥미 대상이 되기도 한다. 한 사내의 추억이 사후에 살아가게 될 때부터 이 사내는 생자와 동일한 자격으로 나날이 변화한다. 아니, 오히려 생자에 의해 변화하게 된다. 이리하여 질 드레는 후세의 신화 작가나 변호사가 뭐라 하든, 역시 스스로를 단두대로 이끈 교묘한 살인자로 머물러 있을 것이다." (『에로티시즘에 관해』)

지옥보

질 드레(Gilles de Rais)의 초상 III

<그림 50> 솔로몬의 상징.
엘리파스 레비(Eliphas Levi)의 책에서 발췌

악마라는 존재는 언제 어디에서든 모습을 드러낼 수 있고 어떤 모습으로든 둔갑할 수 있다. 사람들은 그렇게 믿고 있었다. 그러므로 자칫 방심하거나 절대로 틈을 주어서는 안 된다. 15세기는 중세가 끝나갈 무렵이었는데, 아직 이 시대 사람들은 언제든 악마가 무서운 모습으로 눈앞에 나타날 수 있다고 여기며 항상 불안한 마음으로 살아가고 있었다. 당시엔 흙에도 불에도 공기에도 정령이나 악령이 깃들어 있다고 믿었기 때문에, 사람들은 그들의 분노를 사지 않도록 조심하면서 최대한 사이좋게 지내는 것이 현명하다고 생각했다.

악마의 힘은 절대적이었던 까닭에 그 존재를 의심한 자는 한 사람도 없었다. 그러나 고대에서 중세에 이를 때까지 신학자들은 악마의 출신 성분이 어떤지, 왜 인간을 유혹하게 되었는지, 이런 온갖 것들에 대해 끝없이 논의를 계속했다. 이러한 번거롭기 그지없는 논의는 당연히 민중의 신앙과는 하등의 관계도 없는 일이었다.

요한계시록에는 이런 기록이 보인다. "하늘에 전쟁이 있으니 미카엘과 그의 사자들이 용과 더불어 싸울새 용과 그의 사자들도 싸우나, 이기지 못하여 다시 하늘에서 그들이 있을 곳을 얻지 못한지라, 큰 용이 내쫓기니 옛 뱀 곧 마귀라고도 하고 사탄이라고도 하며 온 천하를 꾀는 자라 그가 땅으로 내쫓기니 그의 사자들도 그와 함께 내쫓기니라(요한계시록 12장 7∼9절-역주)". 즉 성 요한에 의하면, 악마는 나이 먹은 거대한 뱀으로 원래는 하늘에 살고 있었는데 천사와 싸우는 바람에 지상으로 쫓겨났다는 것이다.

그러면 지상으로 떨어지고 나서 어떻게 되었을까. 이에 대해서도 의견이 분분하다. 예를 들면 사도 바울은 악마가 하늘과 땅 사이에 있는 대기권에 살면서 '공기의 왕'이 되었다고 주장했다. 이는 마왕 루시퍼가 본래 '빛의 천사'로 천사 중에서 제일 높은 지위에 있었는데, 교만하여 지상으로 떨어졌다는 설과 비슷하다. 누가복음에는 "예수께서 이르시되 사탄이 하늘로부터 번개같이 떨어지는 것을 내가 보았노라(누가복음 10장 18절-역주)"라고 되어 있다. 고린도후서에 "이것은 이상한 일이 아니니라, 사탄도 자기를 광명의 천사로 가장하나니(고린도후서 11장 14절-역주)"라고 기록되어 있는 것을 보면, 사탄의 천사명이 루시퍼이고, 이 양자는 동일한 존재임을 알 수 있다.

그러나 또 다른 설에 의하면, 악마는 '지옥의 왕'이 되어 아담과 그리스도를 유혹하기 위해 두 번에 걸쳐 지상에 나타났다고 한다. 이는 앞서 소개한 요한계시록의 뱀 이야기와 일치한다. 베드로후서에는 "하나님이 범죄한 천사들을 용서하지 아니하시고 지옥에 던져 어두운 구덩이에 두어 심판 때까지 지키게 하셨으며…(베드로후서 2장 4절-역주)"라고 기록되어 있다.

나아가 성 베드로는 악마가 사자처럼 짖는다고 과장하면서 다음과 같이 썼다. "근신하라, 깨어라. 너희 대적 마귀가 우는 사자와 같이 두루 다니며 삼킬 자를 찾나니(베드로전서 5장 8절-역주)". 이런 식으로 악마가 얼마나 두려운 존재인지를 강조하면서 수도사들에게 공포심을 부추기고 악마의 유혹을 차단하기 위해 굳건한 신앙심을 가질 수밖에 없다고 강조한 성 베드로의 논법은 다소 악랄한 선동

(Demagogie)을 연상시킨다.

그렇다고는 하나, 기독교 이론에서 악마는 절대로 신에게 대항할 만한 힘을 가지고 있지 않다. 이런 점에서는 조로아스터교나 마니교의 악마 개념과 크게 다르다. 테르토리아누스가 말했듯이, 사탄은 '신을 흉내 내는 원숭이'에 불과하다. 아무리 재주를 부려봐도 신의 완벽함에는 감히 손가락 하나 범접할 수 없다. 따라서 사탄은 기껏해야 인간을 괴롭히는 측면 공격으로 만족할 수밖에 없고, 신 역시 그리스도교도에게 시련을 주기 위해 때론 악마의 힘을 이용하는 일도 있기 때문에, 이른바 악마의 활동은 공인된 셈이 된다.

이렇게 되면 묘한 이야기지만 악마의 활동은 신의 뜻을 실현하기 위해 결국 유용한 셈이다. 따라서 악마의 존재를 의심하는 것은 신을 의심하는 것이나 마찬가지일 정도로 중대한 오류가 된다. 사실성 토마스도 『신학대전』에서 "가톨릭교는 악마의 존재를 인정하고, 악마의 활동이 인간에게 해를 끼친다는 것을 인정한다"라고 밝히고 있다.

성 토마스 외에도 많은 예언자와 신학자, 저명한 마법박사들이 악마가 실제로 존재한다고 고백하고 있었다. 따라서 중세 대성당의 조각이나 스테인드글라스 따위에 그토록 엄청난 양의 흉측한 악마 이미지가 표현되고 있다는 사실에도 어느 정도 수긍이 간다. 물론 처음부터 그렇게 추악한 모습으로 묘사된 것은 아니었다. 비잔틴 벽화에서는 실추한 '빛의 천사'로 멋지게 묘사되었는데, 그것이 점점 그로테스크한 모습으로 변모해간 이유는 교회 측에서 신자들의 공포심을 더욱 부채질할 필요성이 대두되었기 때문일 것이다.

악마의 형태학이나 분류학을 활발하게 연구하게 된 것은 르네상스 시기지만, 실은 그 이전에도 대교황 그레고리우스나 베르나르도(Bernardus), 알베르투스 마그누스(Albertus Magnus), 둔스 스코투스(John Duns Scotus), 하이스터바흐의 카에사리우스(Caesarius von Heisterbach, 『기적들에 관한 대화』) 등의 논술이 중세 기간에 등장했다. 르네상스 초기의 가장 저명한 저술을 든다면 이탈리아인 라우렌티우스 다마니의 『악마의 성질에 대해』(베니스, 1589), 벨기에인 요한 바이어(Johann Weyer)의 『악마의 현혹』(바젤, 1568), 독일인 요한 셴크(Johann Schenck)의 『진기한 고찰』(프랑크푸르트, 1584), 그리고 프랑스인 장 보댕(Jean Bodin)의 『빙의 정신병』(파리, 1580) 등이 유명하다.

실제로 악마를 봤다는 사람도 있었다. 프랑스 오세르(Auxerre) 지방 수도원에 있던 라울 그라벨이라는 수도사였다. 그가 침대 다리 언저리에서 봤다는 악마는 '가늘고 긴 목과 야윈 얼굴, 새카만 눈동자와 주름진 좁은 이마, 납작코와 뾰족한 귀, 개 이빨 같은 치아를 가진' 괴물이었다고 한다. 천국에서 쫓겨난 이래 악마도 스타일이 완전히 망가졌다.

성 히에로니무스에 의하면, 사탄은 천상에서 쫓겨났을 때 부하로 거느렸던 천사 중 3분의 1을 데리고 왔다. 이 때문에 지옥에는 수많은 악마들이 있었고 엄격한 위계질서가 존재했으며 군대도 결성되었다고 설명했다. 요한 바이어의 저서나 1522년경 프랑스 아비뇽에서 나온 『붉은 용』이라는 유명한 마법서는 이 악마의 위계질서에 대해 자세히 분석하고 있다('야코부스의 돼지' 항목 참조).

악마의 군대는 항상 인간을 죄악에 빠뜨리려고 노리기 때문에, 마왕이 일단 명령을 내리면 지구상 그 어디에서든 모습을 드러낸다. 디오게네스 라에르티우스(Diogenes Laertius)에 의하면, 온 세상에 '정령이나 악마가 가득해' 절대로 도망갈 수도 없다. 동물로 둔갑하거나 공기로 변하거나 원령이 되거나, 남성 몽마(인큐버스[Incubus])가 되기도 하고, 여성 몽마(서큐버스[Succubus])가 되어 노리는 상대에게 아이를 잉태시키기도 한다. 앙리 보게(Henri Boguet)의 『요술사론』에 의하면 악마는 "공기로 육체를 만들 수 있다"고 한다.

비잔틴 철학자 프셀로스(Michael Psellus), 예수회 악마학자 마틴 델리오(Martn[Martino] Del Rio), 연금술사 트리테미우스 등의 일치된 의견에 따르면, 악마는 각각 사는 장소에 따라 여섯 그룹으로 나뉘어 불, 공기, 흙, 물, 지중(地中), 어둠(암흑)으로 구별된다. 밤의 향연 사바트 때 부른 악마는 어둠의 악마 루키프구스(Lucifugus)다. 루시퍼(Lucifer)는 라틴어로 '빛을 발하다'라는 의미고, 루키프구스는 '빛을 싫어하다'라는 의미다.

어쨌든 이런 악마들은 인간과의 계약에 의해, 인간에게 엄청난 지상의 특권을 부여하는 능력을 가지고 있다. 이 점은 분명한 사실이다. 우리의 주인공 질 드레 역시 이런 악마의 유혹에 마침내 무릎을 꿇고 말았기에 쉽사리 자신의 영혼을 생전에 지옥에 팔아넘겨버린 것이다.

앞서 소개했던 이탈리아인 프렐라티는 티포주성에 오기 전 종종 피렌체 마술사와 함께 악마 소환 비법에 빠져 있었기 때문에, 질을 방문했을 때도 당연히 마법서를 잊지 않고 가져왔다. 마법서는 검은 가죽으로 장식된 양피지 서적으로, 갖가지 마술 의식과 처방이 기재되어 있었다. 15세기에는 아직 마법서의 난해한 기호를 판독할 수 있는 자가 거의 없었다. 질을 비롯해 어느 누구도 이 젊은 외국인 마술사의 능력을 의심하는 자는 없었다. 사실 프렐라티는 장 보댕이 정의한 대로 "악마의 중개로, 의식적으로 뭔가를 실현하려고 애쓰는 자, 즉 요술사"로서 실로 적확하게 행동했다.

1438년도 끝나갈 즈음의 어느 날 밤, 질과 프렐라티는 촛불을 들고 티포주성 계단 아랫방에 틀어박혀 검 끝으로 바닥에 커다란 서클과 마법의 문자를 그렸다. 그리고 질그릇 단지 속에 숯불을 피워 놓고 자석 가루와 향, 몰약과 알로에 씨앗을 단지 안에 넣어 태웠다. 잠시 후 자욱하게 연기가 피어났다. 연기 속에서 악마를 소환하는 주문을 외우길 무려 2시간, 그러나 끝내 악마는 나타나지 않았다.

그러나 프렐라티의 의견에 따르면 악마는 숨겨진 보물의 위치와 연금법의 비법을 틀림없이 알려줄 것이라고 했다. 그즈음은 샹토세 토지를 매각한 직후였기 때문에 드디어 재정적으로 곤란한 상태에 이른 질 드레는 첫 실패에 실망하지 않고 이 마술사의 확신에 찬 발언에 한층 열의를 불태웠다.

프렐라티가 외운 주문의 문구는 "아버지와 아들과 성령과 성모 마리아 이름으로, 아, 바론(baron)이여, 사탄이여, 벨리알(Belial)이여, 우리 앞에 모습을 보여주고 우리와 대화를 나누고 우리의 소원을

<그림 51> 악마를 소환하는 서클(실험자 두
사람은 원 내부의 삼각형 안에 들어간다. 악마는 원 외
부의 삼각형 안에 나타난다).

들어주소서"였다. 바론이라는 악마는 프렐라티가 정성을 쏟았던 악마였다. 아마도 질 드레가 남작(baron)이었기 때문에 더더욱 같은 이름의 악마를 부담 없이 부를 수 있었던 것으로 여겨진다.

참고로 19세기의 가장 방대한 마술서로 유명한 콜랭 드플랑시의 『지옥사전』(1863)에서 프렐라티가 소환하려 했던 네 명의 악마 이름을 확인해보면, 먼저 '바론'은 '질 드레 원수가 제물을 바친 악마 중 하나'로만 나와 있다.

다음은 '벨리알'인데, 이 항목에 대해서는 제법 장황한 기술이 보인다. "시돈인이 숭배하는 악마. 지옥에서도 가장 방탕하고 비천한, 악덕을 위한 악덕에 열중한 정신. 영혼은 추악하지만 외모는 아름답기에 우아함과 위엄으로 가득하다. 소돔 마을 등에선 그를 숭배했지만 제단에 모신 예는 없다."

'베엘제붑'에 대한 기술은 이보다 더 길다. "성서에 의하면 악마의 왕자다. 밀턴(John Milton)에 의하면 사탄 다음 가는 권력자이며, 많은 악마학자들에 의하면 지옥 왕국의 최고 수장이라고 했다. 베엘제붑이란 이름은 '쉬파리 전하'라는 의미다. 가나안 백성들이 가장 존경했던 마신으로 종종 파리 형상으로 표현된다. 예언 능력이 있기에 이스라엘 왕 오코지아스(Ochozias, 이스라엘 8대 왕인 아하지야[Ahaziah]와 동일인-역주)는 병에 걸렸을 때 베엘제붑의 신탁을 청했다. 요술사 파우스트 앞에 나타났을 때는 섬뜩한 두 귀와 형형색색의 머리카락, 용의 꼬리를 한 소의 모습으로 둔갑해 있었다. 질 드레 원수가 봤을 때는 표범으로 변신해 있었다. 화가 나면 화염을 내뿜고 늑대처럼 으르렁거린다."

　마지막으로 '사탄'에 대해서는 다음과 같이 나와 있다. "레지날드 스콧(Reginald Scot)에 의하면 제1등 혹은 제3등 악마이며 일반인의 의견으로는 악마와 지옥의 수장이다. 천사들이 신에게 반역을 일으켰을 당시, 천국의 북부 사령관이었던 사탄은 반역군 선두에 섰다. 이른바 혁명가다. 사탄이라는 이름은 히브리어로 '적(원수)'이라는 의미다. 밀턴에 의하면, 사탄은 탑처럼 키가 커서 4만 피트나 된다고 한다. 아무리 기도해도 그는 사바트에는 절대로 나타나지 않는다."

　이상과 같이 콜랭 드플랑시의 『지옥사전』에 나오는 부분들에 대해 발췌해 살펴보면서, 질 드레라는 이름이 곳곳에 나오고 있다는 사실을 확인할 수 있었다. 이것만 봐도 질이 악마학 역사에 최초이자 최대의 역할을 담당했던 인물임을 알 수 있다. …

　한편 질과 프렐라티는 이렇게 밤이면 밤마다 악마에게 기도를 드리면서 처음에는 조촐하게 동물을 제물로 바쳤다. 수탉, 비둘기, 수꿩 등이 희생되었다. 어떤 때는 '디아도쿠스'라는 진귀한 돌이 발견되지 않아 도저히 실험이 진척되지 않은 적도 있었다. 이 진귀한 돌은 보사르의 설에 의하면, 에메랄드의 일종인 녹주석이라고 한다. 티포주를 비롯한 몇몇 곳에서 여러 차례 실험했지만 결국 이렇다 할 성과를 거두지 못했다. 악마 바론은 전혀 모습을 드러내지 않았고, 질의 간절한 염원도 결국 이루어지지 않았다.

　그러자 프렐라티는 방법을 바꿔 어떻게 해서든 악마의 환심을 사야 한다며, 정식으로 절차를 밟아 지옥의 왕과 계약을 맺는 게 좋겠다고 질 드레에게 진언했다. 지옥과의 계약 의식은 15세기에 유행했기 때문에 질도 프렐라티를 만나기 전 이미 2회 정도 계약서에 서명한 적이 있다. 양쪽 다 엉터리 속임수였다. 그런 짓을 세 번이나 하게 되면 염증이 나기 마련인데 프렐라티에 대한 질의 신뢰가 보통이 아니었던 모양이다.

이리하여 질은 계약서에 손수 사인까지 하면서 악마 바론에게 충성을 맹세했고, 영혼과 생명을 제외하고 악마가 요구하는 모든 것을 바칠 것을 약속했다.

일단 계약이 성립되자 이후는 일사천리 그 자체였다. 정신이 아득해질 정도로 현란한 사디즘의 나선계단을 미끄러지듯이 하강해 암흑의 저 바닥 깊은 곳까지 빨려들지 않을 수 없었다. 그것이 바로 악마주의 철칙이기 때문이다.

어쨌든 위스망스처럼 탁월한 전기 작가까지 "질은 살인죄를 범하는 것에 대해 그리 두려워하지 않았지만, 목숨을 마왕에게 양도하거나 영혼을 버리는 것에 대해서는 확고히 거부했다"라고 적고 있는 것을 보면, 참으로 가톨릭이라는 종교는 고집스럽고 무지한 것 같다. 악마와 계약을 맺은 것이므로 암묵적으로 기독교 신앙을 버리는 것이나 마찬가지였다. 즉 악마와 계약을 맺은 질은 이단이 되었다.

1326년에 발령된 교황 요하네스 22세(Joannes XXII)의 교서에도 "망자나 지옥과 계약하는 자, 악마에게 제물을 바치는 자, 악마에게 질문한 후 답변을 받은 자, 부정한 욕망을 충족시키기 위해 악마의 조력을 요청한 자"는 모두 고발되어야 한다고 명시되어 있다. …

지옥과 계약까지 했건만 질이 악마를 볼 기회는 끝내 없었다. 그러나 프렐라티는 혼자서 몇 번이나 악마 바론과 회견을 한 모양이었다. 물론 어디까지나 본인이 한 말에 불과해서 곧이곧대로 믿을 수는 없지만, 어쨌든 그의 말에 따르면 악마는 항상 25세 정도의 아름다운 청년의 모습으로 나타났다고 한다. 한번은 묘한 검은 분말을 가지고 나타나, 혹시 재산을 늘리고 싶으면 이 분말을 은으로 된 용기에 넣어 늘 소중하게 몸에 지니고 있으면 된다고 프렐라티에게 충고해주었다고 한다. 그때 질은 부르주(Bourges)로 여행 중이었는데, 급하게 하인이 여행지까지 분말을 전하러 갔다고 하니, 고생스럽기 그지없지 아니한가.

이런 식으로 몸에 지니고 있으면 행운이 깃든다는 물건을 마술 용어로는 '부적(amulet)'이라고 부른다. 라오디케아(Laodicea, Laodikeia) 종교회의 판결문 조항 중 하나에 따르면 사제와 성직자는 "마술사, 수학자, 점성학자여서는 안 된다. 부적을 제작해서는 안 된다. 이것을 소지한 자는 교회로부터 파문당할 것이다"라고 명시되어 있다. 따라서 프렐라티는 다시금 교회의 금기를 과감히 깬 것이 된다.

한번은 티포주성의 대형 공간에 악마 바론이 나타나 번쩍거리는 금괴 더미를 프렐라티에게 보여준 적이 있었다. 단, 때가 될 때까지 손을 대서는 안 된다고 악마는 엄히 주의를 주었다. 서둘러 질을 데리고 와서 둘이서 다시 대형공간으로 와보니, 이번에는 프렐라티의 눈앞에 느닷없이 커다란 초록 뱀이 나타났다. 개처럼 굵은 뱀이었다. 프렐라티가 놀라서 당황하는 바람에 질도 간이 철렁해져서 일단은 방에서 나왔지만, 곧바로 십자가를 손에 들고 금괴에 손을 대보았더니 황금은 온데간데없고 실은 바닥에 떨어져 있던 쓰레기가 황금색으로 번쩍거렸을 뿐이었다.

여기까지 보면 프렐라티란 인물이 너무도 교활한 사기꾼처럼 보일지도 모른다. 그러나 그렇게 쉽사리 단언할 수도 없는 노릇이다. 구약성서에 나오는 예언자 다니엘의 예를 들 것도 없이, 수많은 인간에게는 보이지 않는 것이 한 인간에게만 확연히 보이는 경우가 있기 마련이다. 예로부터 신비주의자는 흑마술이건 백마술이건, 초자연적 능력에 의해 종종 환각을 목격했다는 사실이 증명되고 있다. 칸트를 놀라게 한 스베덴보리(Emanuel Swedenborg, 스웨덴의 신비주의자-역주)가 가장 좋은 사례다. 따라서 프렐라티가 악마나 초록 뱀을 보지 않았노라고 그 누구도 단언할 수 없다.

의학적으로 보면 이런 환각 현상 역시 노이로제나 편집성 인격장애, 기생충의 장기 침입 등으로 설명할 수 있는데, 이것으로도 설명하기 어려운 우연의 일치 같은 부분은 여전히 신비에 휩싸인 채 남겨두는 편이 현명할 것이다. 적어도 본서에서는 과학적 한계를 초월한 사이비 합리주의에 대해서는 언급을 삼가기로 하고 그다음 이야기로 넘어가고 싶다. …

한편 동물 공양에서 인간 공양으로 옮겨가는 것이 악마 예배의 정석이다. 아마도 질은 처음에는 프렐라티의 의견을 따라, 한 아이의

<그림 52> 소환된 악마

손과 눈과 심장을 지옥의 마왕에게 바치는 선에서 시작했을 것이다. 처음엔 순수한 악마 예배가 목적이었다. 그러다가 차츰 성적인 유혈 취미가 더해진 것은 제법 나중의 일이었을 것이다.

마신에게 아이를 바친 것은 고대 오리엔트 밀의종교 이래 무수한 사례가 있다. 실제로 중세에도 템플기사단이라고 불리던 일종의 이단적인 비밀결사가 바포메트(Baphomet)라는 기괴한 우상신에게 갓 태어난 자신들의 아이를 바쳤다고 전해진다. 질 역시 고대에 기원을 둔 이런 비밀종교의 사제들처럼 신성한 일락(逸樂)과 육체적 일락을 언제부터인지 혼동하기 시작했다. 그리고 마침내 그 점을 알아차렸을 때는 이미 피비린내 나는 대량학살에 온몸을 흠뻑 담근 상태였다.

도대체 질은 몇 명이나 되는 아이들을 죽였던 것일까. 질 본인은 잊었다고 대답했지만, 재판 기록에는 티포주로 은퇴하고 나서 사형당할 때까지 8년간, 800명 혹은 그 이상이었다고 나와 있다. 나치스 같은 근대적 수단을 이용한 것이라면 몰라도, 이 800이라는 수는 당시로선 그야말로 어마어마한 수치였다. 로마의 폭군도, 이탈리아의 전제군주도, 몽골제국 황제마저도 결코 스스로의 악마주의적 쾌락만을 위해 이토록 심한 살육을 굳이 감행하지는 않았다.

물론 이 숫자는 비평가에 따라 의견이 갈리는 양상이다. 미슐레는 140, 게를레스는 150, 쥘 라뇨 박사는 200 이상으로 보고 있다. 위스망스도 800명이나 죽였다고는 도저히 생각할 수 없다고 말하고 있다. 질이 실제로 살육을 했다고 한 것은 날조며, 그것은 망상에 지나지 않는다고 단언한 사람은 살로몬 라이나흐와 헤르난데스 박사인데, 아무리 명예 회복을 위해서라고 하지만, 이 의견은 다소 극단적인 면이 있다.

브르타뉴 공이 명령을 내린 수사 담당자는 장 드토슈롱드라는 경찰 관리였다. 그의 수사보고서에 의하면 처참한 유아 유괴사건이 수없이 기록되어 있다.

특히 유아 유괴에 한몫했던 사람은 페리느 마르탕이라는 끔찍스러운 60대 노파였다. 항상 건장한 사내를 거느리고 인근 들판을 거닐다가 적당하다 싶게 수려한 외모를 한 소년을 발견하면 가까이 다가가 말을 걸기도 하고 과자를 쥐어주기도 하면서 감쪽같이 숲으로 유인한다. 그러면 대기하고 있던 사내들이 아이에게 재갈을 물리고 손발을 묶어 자루에 넣어 티포주성으로 데리고 가버린다.

미슐레에 의하면 '흰꼬리수리'라는 별명을 가진 이 노파는 민중으로부터 공포의 대상이 되었다. 항상 "검은 천으로 얼굴 절반을 가리고 있었다"라고 하는데, 재판 기록에는 그녀가 회색 옷에 검은 두건을 쓰고 있었다고 적혀 있을 뿐이다.

8년간 티포주 마을과 라셰즈(Lachaise)에 사내아이란 사내아이는 모조리 씨가 말랐고, 샹토세에서는 탑 지하에 사체가 겹겹이 쌓여갔다. 증인 기욤 이레레가 소문으로 들은 바에 의하면, "샹토세 성 안에서 어린아이 시체를 잔뜩 담은 거대한 통이 발견되었다"라는 이야기도 있었다.

질의 하인 앙리에와 푸아토의 진술에 따르면 그들은 각각 40명가

량의 사내아이와 여자아이를 주인에게 넘겼고, 주인은 살육에 빠져 들기 전 도착적인 욕정을 채우기 위해 아이들로 하여금 자신을 따르도록 강요했다고 한다.

졸지에 아이들은 그야말로 두 번에 걸쳐 그의 방탕 행위에 희생된 셈인데, 질의 기이한 욕정은 어린아이를 대상으로 한 섹스 자체가 아니라, 오히려 드러누워 있는 아이의 복부에 자신의 몸을 밀착시키면서 만족을 얻었던 모양이다. "이 방법은 소아의 성기를 대상으로 하는 것보다 훨씬 쾌감이 강하고 고통도 적다"라고 소송 기록의 일절에 수록되어 있다.

이는 가톨릭에서 말하는 'pollutio(모독하는 행위)', 혹은 성병리학에서 말하는 'frottage(타인의 육체와의 마찰에 의해 쾌감을 느끼는 것)'에 가깝기 때문에 질의 도착적 경향의 한 단면을 생생히 보여주고 있다.

"나는 지금도 드넓은 평원을 거닐고 있노라"라고 장 주네(Jean Genet, 프랑스의 소설가-역주)는 기술하고 있다. "특히 황혼 무렵, 그리고 그 옛날 질 드레가 살았던 티포주성의 폐허를 보고 돌아오는 길에 금작화(Genet, 가지와 잎이 마녀가 타는 빗자루 형태를 하고 있다는 설이 있음-역주) 꽃을 봤을 때, 그 꽃들에 대한 깊은 공감이 솟구친다. 나는 애정 어린 마음으로 그 꽃들을 지그시 바라본다. 나는 스스로가 이 꽃의 왕, 어쩌면 그 정령이 아니라고 단언할 수도 없다. 금작화는 자연계에서의 나를 나타내는 부호이자 상징이다. 나는 진실로 이것들을 통해 질 드레의 손에 의해 찔리고 살육되고 불태워진 아이들과

청년들의 뼛가루로 비옥해진 이 프랑스 땅에 뿌리를 내리고 있노

라."(『도둑일기』)

유아 살육자

질 드레(Gilles de Rais)의 초상 IV

<그림 53> 이단심문소의 고문

악마 예배와 사디즘, 혹은 남색과의 사이에는 도저히 끊을 수 없는 연관성이 있는 모양이다. 물론 수도원에서 순진한 수녀를 유혹한 죄로 화형당한 17세기의 유명한 요술사 고프리디(Louis Gaufridy)나 위르뱅 그랑디에(Urbain Grandier) 같은 정상적인 성욕 소유자도 적지 않지만, 악마에 홀린 상태와 성적 착란 사이에는 뭔가 본질적인 공통점이 있는 것도 사실인 것 같다. 예를 들면 프랑스 '빙의 정신병리학'의 권위자 장 레르미트(Jean Lhermitte) 교수는 다음과 같이 보고하고 있다.

"악마에 홀린 환자의 성적 혼란 현상을 심리학적으로 분석해보면 거의 대부분이 욕망의 쇠약 혹은 도착이 나타난다. 그중에서도 무서운 것은 동성애 경향이다."

레르미트 교수가 관찰했던 환자는 당연히 현대인이었기 때문에 오늘날에도 여전히 악마에 홀린 인간이 프랑스 부근에는 많은 것으로 보인다. 아무래도 인간의 정신병은 문명이나 기술이 아무리 진보해도 철저히 차단하기 어려운 모양이다.

소도미(Sodomy, 남색 또는 수간)와 마술의 관계를 역사적으로 조사해보면, 먼저 성서 안에서 다양한 암시적 문장을 찾아낼 수 있다. 마치 일본의 도쿠가와(德川) 시대에 지나치게 색을 밝힌 바람에 신장이 허해지면서 몸이 상한 쇼군이 있었던 것처럼, 고대 중동 인근 국가들의 전제군주들도 지나치게 음탕한 생활에 빠진 나머지 정신착란을 일으키며 일찍 사망하는 경우가 흔했던 모양이다. 그뿐만 아니라 그들은 신변에 마법사들과 점술사들을 불러모아 오늘날엔 가히 상상할 수 없을 정도의 온갖 광기와 악덕을 저질렀다는 사실이 널리 알려져 있다.

예를 들면 이스라엘 왕 사울은 원인 불명의 우울증에 걸린 후 여자 점술사의 예언을 듣기 위해 사막을 방황하다 끝내는 미쳐버린 후 예언자 사무엘의 유령을 봤다고 한다. 이 이야기는 사무엘 전서에 기록되어 있다.

『공중정원』으로 유명한 바빌로니아 왕 네부카드네자르(Nebuchad-nezzar)는 마도에 탐닉한 나머지 이른바 '동물 빙의 망상'에 사로잡혀 자신이 소가 되었다고 여기며, 소처럼 울면서 네 발로 기어서 초원으로 나가 풀을 뜯어먹었다. 다니엘서에는 "내가 사람에게 쫓겨나서 소처럼 풀을 먹으며 몸이 하늘 이슬에 젖고, 머리털이 독수리 털과 같이 자랐고, 손톱은 새 발톱과 같이 되었더라(다니엘 4장 33절-역주)"라고 기록되어 있다. 이리하여 그는 결국 들판에서 미쳐버린 상태로 죽음에 이른다. 소름이 오싹할 정도로 비참한 이야기다. 이와 흡사한 현상은 훗날 수화광(lycanthropy, 자신이 늑대 또는 짐승이라고 믿는 정신장애-역주)이라는 이름으로 명명되었다. 마치 동양에서 여우에게 홀렸다고 착각하는 이른바 '여우 홀림'처럼, 늑대가 출몰하는 유럽의 시골에 만연했던 망상이었다.

시칠리아의 디오도로스 시쿨루스(Diodorus Siculus)라는 고대 역사가가 남긴 기록에 따르면, 사치로 유명한 아시리아 최후의 왕 사르다나팔르(Sardanapale)는 "항상 남의 이목을 피해 지냈을 뿐만 아니라, 완전히 여자와 똑같이 생활하고 있었다. 여자 방에서 시간을 보

<그림 54> 사울왕과 사무엘의 유령

내며 여자 옷을 입고 얼굴에 하얀 분칠을 하고 창부가 사용하는 화장품을 전신에 발랐다. 심지어 목소리에 여성적인 느낌을 주고자 부단히 노력했고, 남녀 모두를 상대로 부끄럽기 짝이 없는 쾌락에 빠져 있었다"고 한다.

로마 황제가 대대로 남색과 마술에 몰두했다는 사실은 수에토니우스(Gaius Suetonius Tranquillus)의 『황제들의 생애(De vita Caesarum)』에 상세히 기록되어 있다. 마르쿠스 툴리우스 키케로(Marcus Tullius Cicero) 같은 철학자는 『점복술(De divinatione)』을 써서 마술을 부정했지만, 당시의 도도한 풍조는 도저히 거스를 수 없었다.

로마에서 유행했던 점술은 동물의 배를 갈라 내장을 꺼내 살펴보고 길흉을 판단하는 방식이었다. 이런 점술에 회의적이었던 티베리우스 황제는 이를 금하고 마술사들을 엄청나게 학살한 주제에, 정작 당사자는 트라실루스라는 저명한 예언자를 따로 몰래 궁정으로 불러들여 악령을 소환하는 주문 따위를 연구했다.

네로가 점성학자 바빌루스의 말을 듣고 그가 지목하는 마술사들을 차례대로 사형에 처했다는 이야기는 너무나 유명하다.

네로 역시 분장욕이 강한 동성애자였다. 여장을 하고 티겔리누스(Gaius Ofonius Tigellinus)라는 사내와 결혼을 하더니, 그다음엔 남장을 하고 스폴루스라는 사내와 결혼했다고 전해진다. 사드 후작의 소설 안에도 이런 기괴한 취향을 가진 노아루스이유라는 사내가 등장한다.

죽은 미소년 안티누스(Antinous)를 위해 사원을 세운 하드리아누스(Hadrianus) 황제는 일본의 무로마치 시대에 존재했던 쇼군을 살짝 연상시킬 정도로 모노노아와레(일본의 헤이안 시대를 대표하는 미의식으로 애수가 깃든 비애의 마음-역주)의 정취를 아는 탐미적인 황제였는데, 역시나 마술이나 점술에 열중했다. 태양 숭배의 사제직도 겸하고 있던 제사장 황제 헬리오가발루스(Heliogabalus)에 이르면 시리아 출신의 마술사와 의논하지 않으면 그 어떤 정치적인 결정도 내릴 수 없는 상황에 이르렀다. 중세의 질 드레에 필적할 정도로 난폭한 성도착자였으며, 많은 어린이를 동방의 최고신 바알에게 제물로 바치기도 했고, 스스로 여장을 한 채 노예 히에로클레스, 검투사 조티쿠스 등과 동성애를 즐겼다.

중세에 접어들자 요술은 사회 전면에 크게 부각되었다. 소돔의 죄악은 교회의 엄격한 탄압을 받아 언뜻 보기엔 자취를 감춘 듯했다. 그러나 그것은 커다란 오산이었다. 봉건 영주뿐만 아니라 로마 교황까지 은밀히 과거로부터 내려온 죄에 빠져 있었다. '카노사의 굴욕'으로 유명한 게르마니아(Germania)의 하인리히 4세(Heinrich IV)는 간통, 강간, 불륜의 죄로 교회로부터 고발당했고, 미남 왕 필립 4세(Philipe IV)의 법률고문은 반대로 교황 보니파티우스 8세(Bonifatius VIII)를 남색자, 마술사라고 비난했다. 그리고 양쪽 모두 사실로 보인다.

어떤 사람들은 서구 사회에 남색을 유행시킨 것이 십자군이었다고 주장한다. 십자군 기사들은 원정을 떠난 나라의 여자와 관계를 가지면 한센병이나 피부전염병에 걸릴 위험이 있어 부득이하게 동료들끼리 성적 욕망을 채웠다고 한다.

중세 마술의 일대 중심지는 스페인 톨레도(Toledo)여서 '톨레도학'

자체가 마술을 의미할 정도였다. 화가 엘 그레코(El Greco) 그림으로 유명해진 이 우울한 도시는 특히 죽은 사람의 영혼을 소환하는 '공수술'이 유행했다. 이와 쌍벽을 이루는 마술 중심지는 프랑스 미디(Midi)로 이곳은 마니교, 보고밀파, 알비파, 카타리파 등 여러 이단 종교들이 급속히 퍼진 지역이었다. 특히 카타리파는 임신을 마력에 의한 것으로 간주했기 때문에 임신의 위험성이 없는 남성들끼리의 성적 접촉을 묵인했다.

14세기에 세력을 떨쳤던 일종의 종교적 비밀결사인 '템플기사단'에도 기괴한 입단식이 있었다. 신입 단원은 마치 사바트에서처럼 선배 기사들의 엉덩이나 성기에 입맞춤을 해야 했다. 이는 결코 성적 퇴폐라고만 지탄할 수 없는 고차원의 정신적 의미도 있었던 모양인데, 어쨌든 이 일파에 반감을 가지고 있던 사람들에게는 비난을 퍼붓기 위한 아주 좋은 구실이 되어주었다.

르네상스기에는 흑미사의 예가 많다. 흑미사야말로 악마 예배와 성적 착란의 가장 전형적인 연결고리일 것이다. 이미 카트린 드메디시스의 예는 앞서 소개했고, 그다음으로 유명한 예를 들면 파리 교외의 뱅센성 고탑에서 요술과 악마 소환술에 탐닉했던 프랑스 왕 앙리 3세(Henri III)의 케이스다. 당시 파리 시민 사이에 파다하게 퍼진 소문에 의하면 그가 여기서 사람을 제물로 바쳤기 때문에, 왕이 죽은 후 고탑에는 무두질한 아이의 가죽과 흑미사용 은제 용기 등이 여기저기에 널브러져 있었다고 한다.

르네상스는 무질서와 해방의 시대였다. 도덕적 퇴폐와 세련된 예술적 감각을 한 몸에 갖춘 괴물 같은 인물을 다수 배출했다. 그중에서도 체사레 보르자와 어깨를 나란히 했던 극악무도한 인물이 바로 이탈리아 리미니(Rimini)의 전제군주 시지스몬도 말라테스타(Sigismondo Malatesta)였다.

스위스 역사가 부르크하르트(Carl Jacob Christoph Burckhardt)는 다음과 같이 언급하고 있다. "그에게 살인, 강간, 간통, 근친상간, 성스러운 것에 대한 모독, 거짓 서약, 배신 등의 죄를 씌우는 측은 결코 로마 교황청만이 아니었다. 이것은 실로 역사의 판결이기도 했다. 그러나 우리를 가장 전율케 하는 것은 자신의 아들 로베르토와 남색 행위를 하려 했던 것으로, 아들은 단검을 손에 쥐고 아버지를 물리쳤다. 생각건대 이는 단순히 불륜이나 배덕 때문만이 아니라, 점성술 내지는 마법적 미신의 결과였다."(『이탈리아 문예부흥기의 문화』)

이상과 같이 역사상의 전제군주들이 마술과 소도미(sodomy)에 빠져 얼마나 무서운 신경쇠약에 시달렸고, 얼마나 많은 잔학 행위를 저질렀는가에 대해 충분히 납득할 수 있었다. 이렇게 보면, 중세의 귀족 질 드레의 경우가 꼭 전대미문의 특수한 예라고만 할 수도 없는 노릇일 것이다. 레르미트 교수의 지적처럼 악마주의와 성적 도착 사이에는 필연적인 관계가 틀림없이 있다고 여겨진다.

단, 질 드레가 기존의 퇴폐적인 권력자들과 현저히 달랐던 특이점이 있다. 즉 유혈 취미를 단순히 성적 흥분을 위한 수단으로서가 아니라, 어디까지나 사디즘을 한층 더 세련되게 함으로써 육욕과 맞서는 상상력의 무조건적인 유희를 추구했다는 사실이다. 그러한 의미에서 그는 예술가였으며, 그토록 엄청난 살육을 현실 속에서 실제로 저질렀음에도 불구하고 최후까지 꿈같은 관념의 세계에 살고 있었다고 말할 수도 있다.

그렇다면 질 드레가 가지고 있던 세련된 사디즘의 단면을 소개해보자.

가엾은 어린아이가 끌려오면, 먼저 질은 부하에게 명령해 희생당할 소년에게 재갈을 물리고 벽에 박아놓은 쇠못에 아이를 걸어놓는다. 공포에 질린 아이가 질식하려 하면, 질은 아이를 쇠못에서 빼내 아래로 내려놓은 후 자신의 무릎 위에 올려놓은 뒤 눈물을 닦아준다. 그리고 부드럽게 애무도 해준다. 그리고 하인들을 가리키며 "이 사내들은 나쁜 놈들이지만 내가 있으니 걱정하지 않아도 되느니라. 반드시 내가 구해줄 테니"라고 말해 아이를 안심시킨다. 그러면 아이는 기뻐하며, 조금 뒤 바로 죽임을 당할 것도 모른 채 웃음을 되찾는다. 이것이 질에게는 이루 말할 수 없는 악마적 환희를 자극하는 것이었다. 아이가 즐거워하는 동안, 뒤에서 조용히 그 목을 베기 시작한다. 목에서 철철 피를 흘리며 숨이 끊어져가는 아이의 모습, 그 단말마의 경련을 바라보며 질은 무아지경에 빠진다. 이어서 비명을 지르며 사체의 여기저기를 만지고 뒤집어 들쳐보기도 하면서 장난감처럼 다룬다.

한 차례 난행이 끝나 진정되면, 질은 다시 하인에게 명하여 아이의 사지를 절단하게 하는데, 어떤 때는 자신이 직접 손을 대기도 한다. 목과 몸을 단도로 절단하기도 하고, 배를 갈라 내장을 꺼내 아직은 온기가 남아 있는 내장의 역겨운 냄새를 맡거나, 못이 박힌 봉으로 두개골을 쪼개 골수를 사방에 흩뿌리기도 한다. 사형집행인의 변덕에 따라 아이는 간혹 산 채로 이 끔찍한 처분을 당하는 경우도 있다. 이렇게 피를 보면 질의 황홀감은 극도로 고양된다.

섬뜩한 웃음소리가 티포주성 내부 깊숙이 있는 두꺼운 벽에 부딪혀 메아리친다. 끔찍한 신경증 발작에 사로잡힌 사디스트의 웃음, 흡혈귀의 웃음이다. 이때 이미 사람들은 그가 마왕 사탄으로 변신했다고 생각할 수밖에 없을 것이다.

질에게 죽음과 고통은 오르가슴보다 훨씬 강렬한 희열의 원천이었다. 하인 푸아토가 재판소에서 증언했듯이, 질은 희생자의 마지막 발버둥이 시작되면 곁으로 가서 음미하듯 그 표정을 바라보았다고 한다. 질 스스로도 고백하고 있는 것처럼, 혈흔을 닦게 하거나 희생자의 육체를 갈기갈기 찢기 전 그들 위에 털썩 주저앉아 고통스러워하는 흔적을 바라보는 것이 최상의 쾌락이었다고 한다.

미슐레의 유명한 『마녀(요술사론)』에는 다음과 같은 기술이 보인다.

"이 악마의 종교에는 인간이 차츰 자기 안의 인간성을 파괴해가다가 결국 인간 이외의 존재, 즉 악마가 되어버린다는 두려움이 있다. 처음에는 마지못해 마왕을 위해 살인을 하지만, 조금 지나면 기꺼이 자신을 위해 죽이게 된다. 고통보다 더 한층 죽음을 즐기게 된다. 이토록 엄청난 일을 그때그때의 기분전환, 일시적인 도락으로 삼아버리다니 무시무시한 일이다. 비통한 절규가, 단말마의 헐떡임

이 그의 귀를 즐겁게 해준다. 죽기 직전의 고통스러운 표정이 그의 웃음을 폭발시킨다. 마지막 경련이 시작되면 그는 꿈틀거리는 희생자의 몸 위에 앉는다."

미슐레의 명문은 간결한 표현 속에 악마주의와 사디즘의 비밀을 멋지게 포착하고 있다.

질이 관능을 불태우기 위해 사냥한 짐승의 고기에서 짜낸 농밀한 즙과 함께, 향료를 섞어 조합한 자극이 강한 술도 즐겨 마셨다는 이야기는 잘 알려져 있다.

그런데 술은 악마 예배나 성적 착란과 어떤 관계가 있을까. 어떤 범죄자에 대한 롬브로소(Cesare Lombroso)의 의견을 들어보자. "베버라는 여자는 알코올 탓에 아이를 목 졸라 죽이면서 비정상적인 성적 쾌락을 느끼는 성도착자였다. 그녀의 죄는 술을 빼고는 도저히 설명이 안 된다."

질 드레의 경우도 알코올이 중요한 역할을 하지 않았을까? 이것에 대해 제법 과감한 가설을 제시하고 있는 사람은 질 드레를 의학 논문의 테마로 삼았던 프랑스의 베르네르 박사였다. 박사는 질이 유전성 알코올 중독의 희생자였을 가능성이 있다는 가설을 제기했다. 이 가설은 언뜻 보기에 모호하게도 느껴지는데, 만약 15세기 당시의 귀족 대부분이 평상시에 음주를 즐겼으며 알코올의 힘을 빌려 쾌락을 탐하고 수렵이나 전쟁 등을 마치 자극제처럼 즐겼다는 사실에 주목한다면, 결코 수긍하기 어려운 이야기도 아니다.

참고로 16세기 말 이탈리아의 마술가 포르타(Giambattista della Porta)가 술의 효과에 대해 언급했던 의견을 인용해보겠다. '사람을 미치게 하는 법'이란 제목으로, 살짝 범죄의 길로 인도하는 느낌마저 들지만, 결론적으로는 근대 의사들의 주장과 별반 다르지 않은 상식적인 의견이다. "사람을 미치게 하는 데는 다음과 같은 방법으로 합성된 술을 이용하면 된다. 먼저 만드라고라[맨드레이크]의 뿌리를 끓고 있는 포도액 속에 넣는다. 뽀글뽀글 기포가 끓어오르면 용기에 뚜껑을 덮고 3개월간 적당한 장소에 방치해둔다. 필요에 따라 이 술을 상대에게 마시게 하면 된다. 이 술을 마신 자는 일단 깊은 잠에 빠지고 정상적인 의식을 잃게 된다. 그러고 나서 온종일 온갖 미치광이 짓을 한다. 그러나 한숨 자고 나면 광기는 사라지고 딱히 불쾌감도 없다. 오히려 즐거운 경험을 했다는 느낌이 남는다."(『자연 마법(Magia Naturalis)』)

유전성 알코올 중독이었다는 가설은 논의의 여지가 있다. 그러나 독약과 최음제의 본고장인 이탈리아 출신 마술사 프렐라티가 마법의 최음제나 자극제를 질에게 주지 않았다고 어느 누가 장담할 수 없겠는가. 대마나 흰독말풀, 혹은 벨라돈나나 사리풀을 건넸을지도 모른다.

어쨌든 질의 병리학적 경향이 좀처럼 그 유례를 찾아볼 수 없을 정도로 엄청난 것이었음을 인정하지 않을 수 없다. 존재할 수 있는 모든 도착적 경향이 모조리 그의 내면에서 발견되기 때문이다. 그런 의미에서 질은 사드 후작이 묘사한 공상 세계를 실제로 살아갔던 사람이라고 표현할 수 있을지도 모른다.

예를 들면 크라프트에빙(Krafft-Ebing)이 사디즘의 한 형식으로 본 네크로필리아(necrophillia, 시체애호증)도 그의 변태적 성향 리스트에 포함되어 있다.

"인간의 시체를 마주했을 때 느끼는 자연의 공포를 극복하면서 시체와의 성적 결합에서 쾌락을 발견하기 위해서는 반드시 도착적 성욕을 필요로 한다"라고 크라프트에빙은 설명하고 있다. 그러나 질의 광기 어린 행태는 어떤 선을 넘었다. 시체를 갈기갈기 찢고, 절단한 목과 손발을 미술품처럼 애정 어린 시선으로 바라보며, 어느 것이 가장 아름다운지 여기저기 잘려나간 시체로 품평회까지 벌일 지경에 이르렀다.

그리고 어느 사랑스러운 목 하나가 품평회의 상을 거머쥐면, 머리카락을 쥐어 잘린 목을 들어 올린 다음 차가운 입술에 정신없이 입을 맞추고, 한참 동안 난로 위 선반에 장식해두었다가, 이윽고 싫증이 나면 사정없이 아궁이에 던져서 태워버렸다. 그리고 그 재는 탑 위에서 바람 속에 흩뿌리거나 화장실 변기통에 내던져버렸다. 이런 질의 시체애호증, 목의 품평회는 과거『신청년(新青年)』에 연재된 다니자키 준이치로(谷崎潤一郎)의 사디즘 소설『부슈공 비화(武州公秘話)』안에 삽입된 어떤 이야기를 연상시킨다.

위스망스에 의하면 질은 "어느 날, 더 이상 남은 아이가 없게 되자, 마침내 임신한 여자의 배를 갈라 태아를 가지고 노는 짓까지 범했다"라고 한다. 이것은 물론 있을 수 없는 일은 아니다. 로마 호민관 포텐티아누스(Potentianus)도 지옥의 신에게 기도를 올리기 위해 똑같은 짓을 했고, 일본 상대 시대의 부레쓰(武烈) 천황도 비슷한 짓을 했다고 『일본서기(日本書紀)』에 나와 있다.

장 보댕의 『빙의 정신병』에도 스위스 로잔(Lausanne) 교구의 스타트란이라는 자가 7명의 태아를 모태 속에 있는 상태로 죽였다는 이야기가 나온다. 독일 포메라니아(Pomerania)의 요아힘 베델 베델이라는 자의 연대기에도, 한 사내가 24명의 임신부를 죽인 후 마법 실험을 위해 태아를 꺼냈는데 끝내 범행이 발각되어 1581년 9월 16일에 처형되었다는 이야기가 나온다. …

사드가 소설 속에서 묘사함으로써 만족해했던 세계를 질은 현실 속에서 실현했다. 요컨대 현세를 악마의 낙원, 암흑의 파라다이스로 만들었던 세계 역사상 유일한 천재 범죄자, 그가 바로 질 드레였다.

질 드레의 체포는 하나의 수수께끼로 여겨지고 있다. 그토록 무모했던 질이 국왕의 군대를 대적할 만한 군사적 힘이 설령 없었다 하더라도 성채 뒤쪽에 숨어 왜 끝까지 싸우지 않았던 것일까. 위스망스는 이에 대해 다음과 같이 추측하고 있다.

"그의 심경을 억측해보자면, 너무 오랫동안 방탕한 밤을 지새운 탓에 건강을 잃고 유약해졌던 것일까. 성스러움을 모독하는 비열한 쾌락 때문에 이미 몸을 망쳐버렸던 탓일까. 그것도 아니라면 후회에 짓눌려 의기소침해졌을까. 혹은 기존 생활에 염증이 난 나머지 형장으로 끌려가는 많은 살인범들처럼 결국 자포자기해버렸던 것일까. 그간의 사정을 알 수는 없다."

그가 1440년 10월 22일 법정에서 고백한 내용에는 연금술에 관한 것을 비롯해 마왕에게 바친 기도, 유아 살해 등 모든 죄상이 낱낱이 포함돼 있다.

재판소에서 그가 범한 죄에 대해 설명하기 시작하자, 빼곡히 들어찬 방청석에서 여자들은 공포에 질린 나머지 비명을 지르며 혼절했고, 주교들도 모두 아연실색해 얼굴색이 창백해질 정도였다고 한다. 어떤 상황이었을지 충분히 상상이 간다.

질은 이런 소동에 조금도 개의치 않고 그저 몽유병 환자 같은 눈초리로 뚝뚝 떨어지는 피를 저 멀리로 치우려는 듯, 자신의 양손을 바라보며 땀에 흠뻑 젖어 이야기를 이어나갔다. 고백이 끝나자 그 자리에 풀썩 주저앉아 무릎을 꿇고 몸을 떨며 울기 시작했다. 그리고 "신이여, 자비와 용서를 베푸소서"라며 애원했다.

악마에게 반평생을 바친 희대의 살인마는 이렇게 최후의 순간 다시금 잔다르크를 숭배했던 그 시절의 신비주의자로 돌아가, 신의 자비를 구하며 기꺼이 화형대에 올랐다.

문고판 저자 후기

1960년대 나는 악마학이나 오컬티즘에 푹 빠져 있었다. 처음엔 위스망스의 서문과 앙리 드말보스트(Henry de Malvost)의 삽화가 있는 쥘 부아(Jules Bois)의 『악마주의와 마술』(1896년)을 입수했는데, 이어 순차적으로 다른 문헌들을 섭렵하기 시작했다. 이 분야의 매력은 더할 나위 없이 강렬해서 일단 포착당하면 좀처럼 빠져나올 수 없다. 나의 서가에는 가죽 표지의 고서가 계속 늘어만 갔다.

물론 이 책은 내가 오컬티즘 영역에 다가가기 시작한 아주 초창기에 집필된 작품이다. 지금 다시금 읽어보니 유치한 견해나 어설픈 설명, 소소한 오류가 사방에서 느껴진다. 오늘날엔 굳이 이 책 말고도 마술이나 연금술 관련 서적이 상당하기 때문에 이 책 초판이 세상에 나왔을 당시의 충격은 기대하기 어려울 것이다. 상자와 표지, 바깥으로 드러난 페이지 면까지 온통 새카맣던 『흑마술 수첩』 초판본은 출간 당시 독서계에서 살짝 화제가 되기도 했다. 이젠 고인이 된 미시마 유키오(三島由紀夫)도 '살인 청부업자적 댄디즘을 갖춘 책'이라고 탄복했던 기억이 난다.

『흑마술 수첩』은 1960년(쇼와 35년) 8월부터 1961년(쇼와 36년) 10월까지 15회에 걸쳐 잡지 『호세키(宝石)』(고분샤[光文社]에서 나온 동명의 잡지가 아니라 호세키샤[宝石社]에서 발행된 추리소설 전문지)에 연재되었다가 나중에 도겐샤(桃源社)에서 1961년(쇼와 36년) 10월 단행본으로 발행되었다. 미시마가 칭찬했던 것은 바로 이 버전이었다. 그리고 1970년(쇼와 45년) 2월에는 『시부사와 다쓰히코 집성(渋沢龍彦集成)』 제1권에도 수록되었다.

돌이켜 생각해보면 세간이 오로지 안보투쟁(1960년 미·일 안보조약 개정에 반대한 대규모 평화운동-역주)만 외치며 떠들썩했을 무렵, 나는 『흑마술 수첩』를 쓰기 시작했다. 그런데 초판 발행으로부터 무려 20년 이상이 흐른 지금, 새롭게 문고본 형태로 세상에 내보내게 되었다. 나는 젊은 시절의 내가 썼던 글을 존중한다는 의미에서 이번에 굳이 이에 손을 대지 않았다. 부디 양해해주시길 부탁드린다.

1983년(쇼와 58년) 10월

시부사와 다쓰히코

역자 후기

　문득 이미 고인이 되신 석사 시절 지도교수님이 떠오른다. 논문을 쓰다 슬럼프에 빠져버린 내게, 막혔을 때는 기본으로 돌아가 '공통점과 차이점'을 숙고하라고 조언해주셨다. 특히 차이점을 명확히 하는 것이 사유의 기본이라고 강조하셨다. 서예학원에서 '하늘 천 따 지'로 개념의 가르마를 타기 시작했던 나로서는 그야말로 귀에 쏙쏙 들어오는 가르침이었다. 한자의 성립 과정에서 보이는 대립적 사고는 서양철학의 근간을 이루는 '이항대립 구조'와 일맥상통하는 측면이 없지 않다고 여겨진다.

　'흑마술'이 키워드인 이 책을 번역하면서 '차이점'에 관한 무수한 상념에 잠기곤 했다. 산이 높으면 골이 깊다고 했던가. 주식 이야기가 아니다! 천사와 악마, 성스러움과 사악함, 관대함과 가혹함, 선량함과 악랄함, 축복과 저주, 극단적 금욕과 병적인 음란함, 격하게 대비되는 이 모든 극단적 이야기들을 오가다 보면 내면 깊숙이 끓어오르는 농밀한 감정들과 만나지 않을 수 없다. 예를 들어 흉악한 유아 학살자, 잔인한 성도착자로 악마학 역사에 길이 남을 전설적 살인마 질 드레는, 구국의 영웅인 성녀 잔다르크를 헌신적으로 숭배했던 고매한 군인이자 15세기 굴지의 예술 애호가이기도 했다. 그레고리오 성가와 성가대 소년들의 합창을 사랑했던 온화하고 선량하고 세련된 귀족이, 오만하고 음탕하며 잔혹하기 그지없는 살인마의 모습도 함께 가지고 있었다니, 책에 나온 것처럼 신비사상과 악마 예배는 종이 한 장 차이일지도 모르겠다. 이렇듯 두려움과 금기를 깨며 끝을 알 수 없는 심연 속에서 끊임없이 뭔가를 길어 올리는 이야기들을 통해, 그리고 그것들이 자아내는 극단적인 이항대립의 연쇄를 통해 미처 예기치 못했던 깊은 감정들을 맛보지 않을 수 없었다.

이 책은 카발라, 점성술, 타로, 연금술, 사바트(밤의 향연), 흑미사, 밀랍인형 주술 등 이른바 흑마술이라고 칭해지는 오컬티즘 관련 다양한 에피소드를 소개하고 있다. 학문적 영역과 아슬아슬하게 공존하고 있는 에세이 형식의 서양사 서적으로, 1961년 초판 출간 당시 강렬한 인상을 남겨, 이후 관련 서적들이 속출하는 계기를 제공한 기념비적인 작품이다. 이 작품을 시작으로 『독약 수첩』, 『비밀결사 수첩』 등 시부사와 다쓰히코의 이른바 수첩 시리즈 3부작이 이어지게 되었으니 선구적 작품임에는 틀림없다. 풍요로운 감수성과 방대한 지식을 바탕으로 역사의 이면에 존재하는 환상적이고 기묘한 테마를 주로 다뤘던 시부사와 다쓰히코의 젊은 시절을 엿볼 수 있게 해주는 중요 서적이라고 할 수 있다. 이 작품을 계기로 농밀한 시부사와 월드에 입성하게 된 후 헤어나지 못하게 되었다는 열혈 팬들이 상당한 것으로 알고 있다.

작품 전체를 살펴보면 대부분 무시무시한 테마가 이어지고 있는데 전반적으로 호기심을 자극하는 이야기들로 밀도 있게 구성되어 있다. 각 항목들은 상대적으로 연관성이 강한 테마도 있고 그렇지 않은 경우도 있기 때문에 꼭 순서대로 읽어내려갈 필요는 없다고 판단된다. 단, 각 항목이 모두가 농밀한 이야기들로 구성되어 있기 때문에 잠시도 쉬어가는 장(!)이 없다. 카카오 함량 99%, 100%, 200%(?)의 울트라 다크로 구성된 초콜릿 세트라고 해야 할지도 모르겠다. 미처 알지 못했던 역사 이면의 온갖 이야기, 마술과 요술과 주술, 연금술과 인간의 진화와 별의 운행까지 공통점과 차이점을 하나하나 더듬어가며 아무쪼록 시부사와 월드의 농밀함을 만끽하시길 바란다.

옮긴이 김수희

흑마술 수첩

초판 1쇄 인쇄 2023년 4월 10일
초판 1쇄 발행 2023년 4월 15일

저자 : 시부사와 다쓰히코
번역 : 김수희

펴낸이 : 이동섭
편집 : 이민규
디자인 : 조세연
영업 · 마케팅 : 송정환, 조정훈
e-BOOK : 홍인표, 최정수, 서찬웅, 김은혜, 정희철
관리 : 이윤미

㈜에이케이커뮤니케이션즈
등록 1996년 7월 9일(제302-1996-00026호)
주소 : 04002 서울 마포구 동교로 17안길 28, 2층
TEL : 02-702-7963~5 FAX : 02-702-7988
http://www.amusementkorea.co.kr

ISBN 979-11-274-6076-1 03900

창작을 위한 아이디어 자료

AK 트리비아 시리즈

환상 네이밍 사전
의미 있는 네이밍을 위한 1만3,000개 이상의 단어

중2병 대사전
중2병의 의미와 기원 등, 102개의 항목 해설

크툴루 신화 대사전
대중 문화 속에 자리 잡은 크툴루 신화의 다양한 요소

문양박물관
세계 각지의 아름다운 문양과 장식의 정수

고대 로마군 무기·방어구·전술 대전
위대한 정복자, 고대 로마군의 모든 것

도감 무기 갑옷 투구
무기의 기원과 발전을 파헤친 궁극의 군장도감

중세 유럽의 무술, 속 중세 유럽의 무술
중세 유럽~르네상스 시대에 활약했던 검술과 격투술

최신 군용 총기 사전
세계 각국의 현용 군용 총기를 총망라

초패미컴, 초초패미컴
100여 개의 작품에 대한 리뷰를 담은 영구 소장판

초쿠소게 1,2
망작 게임들의 숨겨진 매력을 재조명

초에로게, 초에로게 하드코어
엄격한 심사(?!)를 통해 선정된 '명작 에로게'

세계의 전투식량을 먹어보다
전투식량에 관련된 궁금증을 한 권으로 해결

세계장식도 1, 2
공예 미술계 불후의 명작을 농축한 한 권

서양 건축의 역사
서양 건축의 다양한 양식들을 알기 쉽게 해설

세계의 건축
세밀한 선화로 표현한 고품격 건축 일러스트 자료집

지중해가 낳은 천재 건축가 -안토니오 가우디
천재 건축가 가우디의 인생, 그리고 작품

민족의상 1,2
시대가 흘렀음에도 화려하고 기품 있는 색감

중세 유럽의 복장
특색과 문화가 담긴 고품격 유럽 민족의상 자료집

그림과 사진으로 풀어보는 이상한 나라의 앨리스
매혹적인 원더랜드의 논리를 완전 해설

그림과 사진으로 풀어보는 알프스 소녀 하이디
하이디를 통해 살펴보는 19세기 유럽사

영국 귀족의 생활
화려함과 고상함의 이면에 자리 잡은 책임과 무게

요리 도감
부모가 자식에게 조곤조곤 알려주는 요리 조언집

사육 재배 도감
동물과 식물을 스스로 키워보기 위한 알찬 조언

식물은 대단하다
우리 주변의 식물들이 지닌 놀라운 힘

그림과 사진으로 풀어보는 마녀의 약초상자
「약초」라는 키워드로 마녀의 비밀을 추적

초콜릿 세계사
신비의 약이 연인 사이의 선물로 자리 잡기까지

초콜릿어 사전
사랑스러운 일러스트로 보는 초콜릿의 매력

판타지세계 용어사전
세계 각국의 신화, 전설, 역사 속의 용어들을 해설